다시
진보의 길을
묻다

위기의 진보정치와 진보의 재구성 ————————

다시
진보의 길을
묻다

윤영상 **지음**

역사가 목적을 상실한 시대에, 진보는 어디로 가야 하는가? 내건 깃발의 색깔이나 표명한 이념, 혹은 실현을 약속한 프로그램이 진보의 징표라 하기에 충분하지 않게 된 시대에, 진보란 대체 무엇인가? 널리 알려진 '진보'의 이미지를 고수하고, 이미 주어진 '진보'의 자리를 지키는 것, '진보'라는 이름으로 얻은 권력과 권리를 지키는 것은 문자 그대로 진보 아닌 보수가 아닌가? 그렇다. 그것은 '진보'의 보수다. 진보 없는 '진보'다. 중요한 것은 '진보'의 진보다. '진보'란 이름으로 얻은 어떤 것도 혁신의 대상으로 삼아 끊임없이 '진보' 자체를 재구성하는 것이다. '진보'의 재구성 없이 진보는 없다. 진보 없는 '진보'는 진보의 무덤이다.

이 책은 여러 얼굴의 '진보' 안팎에서 끊임없이 혁신을 시도하며 살아온 저자가 자신의 궤적 또한 되돌아보며, 자신의 얼굴이기도 한 '진보'의 과거와 현재에 새로운 숨을 불어넣고자 하는 애정 어린 시도다. 꼭 동의할 필요는 없다 해도, 분명 경청해야 할 절실한 목소리가 여기에 있다. 좀비가 되는 방식으로 무덤 밖을 돌아다니는 생존의 방식과 결별하고자 한다면 말이다.

— **이진경**(서울과학기술대학교 교수)

윤영상의 『다시 진보의 길을 묻다』는 꿈이 있는 정치를 이야기하고 있다. 여기서 꿈은 실현 불가능한 몽상이 아니라 한국과 세계의 변혁이다. 변혁은 진보세력이 꾸는 꿈이다. 그렇지만 꿈과 변혁 사이의 다리를 놓는 것은 쉬운 일이 아니다. 이를 위해서는 '구질구질'한 현실을 경유하는 실천과 사유가 필요하다. 자신의 생각을 현실에 맞추어 조정해야 하고, 생각이 일치하지 않는 사람들과의 지속적 대화와 협력을 모색해야 하는 이 과정은 고통스럽기도 하다.

『다시 진보의 길을 묻다』는 진보에 대한 자족적 사유에 머무르지 않고 이 고통을 감당한 성과이다. 저자는 노회찬 의원을 이러한 노력의 선구로 보았고, 그 맥락에서 노회찬 의원을 자주 소환하기도 했다. 윤영상은 거기에 그치지 않고 한국의 상황에 기초해 진보의 의미와 실천 방향을 재구성했다. 기후변화, 기본소득, 평화 등의 문제를 우리의 현실에 맞게 풀어갈 수 있는 아이디어를 제기했다. 무엇보다 진보정치를 주장하며 "민주당만이 유일한 현실 대안 세력이다"라는 판단을 제시함으로써, 매우 논쟁적이지만 우리의 정치적 실천에서는 피해서는 안 될 화두를 던졌다. 진보의 꿈을 가진 많은 독자들이 저자가 왜 이 판단에 기초한 정치적 실천이 진보의 꿈을 실현하는 가능성을 만들어낼 수 있다고 주장하는지에 주목하며 이 책을 일독할 수 있기를 바란다.

— **이남주**(성공회대학교 교수, 『창작과비평』 편집주간)

진보정치의 위기는 언제부터였을까? 2022년 대선 패배와 지방선거 결과는 위기의 시작이 아니라 위기의 결과일 뿐이다. 진보정치의 위기는 이미 그 이전부터 존재하고 있었다. 나는 민주노동당과 열린우리당 시절 이미 그 위기의 실상이 드러나기 시작했다고 본다. 사실 민주노동당과 열린우리당(2003년에서 2007년까지 존재했던 민주당 계열의 정당)의 진보 개념이 같지는 않지만, 한국 정치의 역사 속에서 두 당을 빼고 진보정치를 말하는 것은 불가능하다.

이 책은 진보정치의 위기와 재구성에 관한 나름 오랜 시간의 고민들을 정리한 것이다. 사실 그런 고민들을 풀어내는 데는 친구 이현, 오기민 선배, 전효관 선배와의 토론이 큰 힘이 되었다. 실의에 빠져 주저앉아 있던 나에게 실천적 문제의식을 복원시켜 주고, 글을 쓰게 만든 오랜 인연들이다. 고마움을 전한다.

이 책에서는 불가피하고 당연한 경우가 아니고서는 특정 인물이나 세력을 거론하면서 치열하게 논쟁하고 비판하는 방식의 글쓰기는 지양했다. 그런 글을 읽는 사람도 많지 않고, 서로의 생각에 크게 관심을 갖지 않는 현실을 인정하지 않을 수 없었다. 그래서 나와 같은 생각을 가진 사람들을 찾는 방식의 글쓰기를 택했다.

먼저 1장에서는 '진보'와 '보수'라는 말의 쓰임새에 대해 정리했다. 사전적 의미, 유럽과 미국에서의 의미와 맥락, 그리고 한국에서의 역사적 맥락을 정리했다. 정치적 맥락을 중심으로 정리하다 보니 김대중 정부 시기 본격화된 남남 갈등 상황, 노무현 대통령이 생각하는 '진보'까지 거론하게 되었다. 여기서 강조하고 싶었던 것은 '진보'라는 말이 특정 개인이나 세력의 소유물이 아니라는 것이다. 한국 사회에서 사용되는 맥락을 존중하고, 저마다의 다양성을 인정하되 공통점을 찾는 노력을 포기하지 말자는 것이다.

2장에서는 한국 진보정치의 역사적 궤적을 비판적으로 검토했다. 주로 1980년대 이후의 역사에 초점을 두었지만 해방과 분단, 그리고 한국전쟁 이후의 과정도 다루었다. 그것은 한국 진보정치가 처해 있는 역사적이고 구조적인 제약, 혹은 현실을 분명히 하고 싶어서이다.

나는 1987년 민주항쟁과 양김씨의 후보단일화 실패, 그리고 진보진영의 분열을 매우 중요한 역사적 사건이라고 본다. 그리고 그것을 해방 직후의 상황, 그리고 다가올 미래의 어떤 순간을 연결시켜 보면서 한국 정치의 미래를 걱정하고 있다. 1990년대는 한국의 보수정치세력과 민주당, 진보정치세력의 역사에서 매우 중요한 전환점이었다. 세력 재편과 정체성의 재정립이 이루어진 시기라고 할 수 있기 때문이다. 2004년 민주노동당의 원내진출과 열린우리당의 원내 과반의석 획득은 진보정치의 클라이맥스였다. 그러나 아쉽게도 2007년 열린우리당의 해체와 2008년 민주노동당의 분당은 성공과 더불어 찾아온 진보정치의 위기와 한계를 드러내 주었다.

2017년 박근혜 대통령 탄핵 사태는 위기에 처한 진보정치가 크게 혁신하지 않고서도 생존할 수 있었던 계기였다. 반면 보수는 혁신하지 않으면 생존할 수 없는 환경이었다. 민주당과 정의당은 반성과 혁신 없이 미래를 낙관했다. 2022년 대선과 지방선거는 바로 그런 사고에 대한 냉정한 평가라고 할 수 있다.

3장에서는 2022년 대선이 함축하고 있는 다양한 측면을 분석하고 검토했다. 2022년 대선 패배 후 페이스북 평가글과 몇몇 토론 모임에서 발표했거나 주장했던 내용들을 재구성한 것이다. 이 글을 이 책에 실을지 여부를 끝까지 고민했다. 벌써 1년 6개월이나 지난 사건이 되어 버렸기 때문이다. 그렇지만 지금 우리가 어떤 상황에 처해 있는지를 다시 한번 복기하는 것이 매우 중요하다고 생각해 싣게 되었다. 우리가 딛고 있는 현실과 미래를 생각하는 데 많은 도움이 될 것으로 보았기 때문이다.

4장에서는 민주당과 정의당의 혁신 논란을 다뤘다. 그러나 보수정치의 혁신 과정과 어떻게 다른가 비교가 필요하다고 생각해 국민의힘 혁신 과정을 먼저 다루었다. 한마디로 박근혜 대통령 탄핵 사태로 붕괴된 보수정당은 대대적으로 혁신했기 때문에 5년 만에 정권을 되찾을 수 있었다. 그러나 민주당은 내부 인사들 간의 치열한 네거티브 경선, 사실상 적대 관계라 할 정도로 분열된 상태에서 대선을 치르는 바람에 패배했다. 게다가 패배의 원인 진단과 혁신 논의에서도 경선 때의 분열상이 반복되고 있다. 그들은 아직 정신을 차리지 못했다. 그렇지만 그들도 선거 승리를 위해서는 어느 순간 혁신하지 않을 수 없을 것이다.

그러나 내가 주목하는 것은 선거공학적 혁신이 아니라 민주당 내 진보정치를 중심으로 진행되는 혁신 논의이다. 아쉽게도 그것이 보이지 않았다. 그래서 친명계와 반명계 중심의 지겨운 혁신 논의는 피하고, 민주당 내 진보정치의 혁신이라는 문제의식을 중심으로 평가했다. 정의당 내에서도 반성과 혁신을 둘러싸고 수많은 논의들이 있었지만, 당의 위기를 둘러싼 근본적 고민은 보이지 않았다. 위기의 핵심 요인인 선거 대응 및 연합 정치 실패에 대한 치열한 토론이 없었다는 것이다. 그 점에서 정의당의 혁신 논란은 생존력을 키우는 것이 아니었다. 운동권 정파들의 아전인수식 평가일 뿐이다.

5장에서는 지금 우리가 직면하고 있는 시대적 과제와 미래의 위기를 다루었다. 시대적 과제에 대한 인식과 대응에서 진보의 길과 보수의 길이 선명하게 구별된다고 생각해서이다. 나는 여전히 한국 사회를 지배하고 있는 구조적 질서를 타파하고, 시대적 과제를 해결하려는 실천 속에서 진보의 길을 찾아야 한다고 본다. 특히 디지털 전환과 노동문제, 기후위기 예방과 재난 대응, 전쟁 방지 평화체제 구축은 우리 시대의 피할 수 없는 진보의 핵심 과제이다. 시대적 과제를 강조하는 이유는 그것이 지금 우리가 피할 수 없는 현실이며, 다가오고 있는 위기와 공포의 실체이기 때문이다. 또한 그것은 작은 차이를 넘어 진보의 대단결과 연대가 이루어져야 한다는 문제의식의 뿌리이기도 하다.

6장은 사실상 1장부터 5장까지 내내 강조했던 결론이다. 진보정치의 혁신과 재구성이 필요하다는 것이다. 자기만의 진보를 강조하는 것을 넘어 진보의 다양성을 인정하면서도 실천적·조직적 연대와 연합을 강조하고 싶었다. 그래서 민주당 내 진보정치 활성화에 대한 기대를 담았고, 다양한 진보정당들이 존재하는 상황에서도 유연하고 개방적인 진보연합정당의 필요성을 강조했다. 진보정치의 생존력 강화, 영향력 강화가 중요하다고 보기 때문이다. 민주당은 고정된 실체가 아니라 변화와 혁신을 통해 함께해야 할 대상이다. 진보연합정당도 그 자체가 중요한 것이 아니라 한국 사회의 진보적 변화를 추동하기 위한 조직적 도구이다. 과거 민주노동당이나 통합진보당, 정의당이 실패한 이유를 냉정하게 살피면서 더 넓고, 더 유연하고 민주적인 진보연합정당을 만드는 길을 포기해서는 안 된다고 생각한다. 그것이 한국 정치를 교체하는 실질적인 과정이며, 시대적 과제와 정면으로 승부하는 길이라고 보기 때문이다. 나는 아직 그런 꿈을 꾸면서 살고 싶다.

물론 '진보연합정당'이라는 틀이나 형식에 집착하고 싶지는 않다. 다른 진보정당들이나 세력들이 동의한다면 프랑스의 경우처럼 '불복하는 프랑스'와 같은 진보연합정당이 또 다른 '선거연합정당'을 만드는 방식의 유연성도 발휘할 수 있기 때문이다. 중요한 것은 현실적 필요와 가능성이다. 과거 고故 노회찬 의원이 고민했던 '가설정당'도 바로 그런 의미였다.

나의 이런 문제의식은 하루이틀 사이에 형성된 것이 아니다. 2008년 민주노동당 분당 이후부터 싹텄고, 그런 생각이 발전하는 데는 고 노회찬 의원과의 치열한 토론이 가장 큰 역할을 했다. 그렇다고 노회찬 의원이 그런 나의 생각을 전적으로 지지해 주었다는 의미는 아니다. 언젠가 그와 나 사이의 토론 과정에 대해 기록했던 내용을 공개할 때가 있을 것이다.

젊은 나이에 안타깝게 요절한 이재영과 오재영, 그리고 친구 유병기도 나의 치열한 토론자였다. 견해가 다름에도 불구하고 끝까지 신뢰를 잃지 않고 토론에 응해 주었던 이용길·이재기 선배도 고맙고, 선창규·박치웅·임성대 선배, 양형모·정호진·황순식·김보경 등 오랜 동지들도 나의 생각을 다듬는 데 많은 도움을 주었다. 또 30여 년이 넘는 과거의 인연들이지만 여전히 나에게 격려와 지원을 아끼지 않는 LC(노동계급)그룹, 인민노련(인천지역민주노동자연맹), 삼민동맹(민족통일민주주의노동자동맹), 안산노련(안산민주노동자연맹)의 선후배들이 있었기에 약해지는 마음을 붙잡을 수 있었다. 정치개혁 토론을 주도하면서 많은 영감을 불어넣어 준 김원재 선배, 대결과 전쟁의 길을 막고 평화공존의 길을 찾으려 노력하는 '포럼 평화공감'의 동료들과 이호규 샘, 그리고 어려운 상황에서도 인도주의와 평화협력의 길을 찾는 KAIST 문술미래전략대학원의 도반들은 단조로운 일상을 긴장감 있게 만들어 주면서 이 책이 마무리되는 것을 도와주었다.

사실 힘들고 어려웠던 시절 나를 일으켜 주고 격려해 주었던 많은 분들을 잊을 수가 없다. 그런 분들이 있었기에 초심을 잃지 않고 생각을 키우고 가다듬을 수 있었다. 그들은 모두 나의 스승들이다. 그들을 모두 거론하지 못하는 미안한 마음을 가슴속에 묻어둔다.

이 책은 나무와숲 최헌걸 대표의 독려와 재촉이 없었으면 나올 수 없었을 것이다. 노회찬 의원과 나에 대한 그의 특별한 사랑과 관심이 이 책을 나오게 만든 동력이었다. 또한 흔들릴 때마다 가장 가까이서 나를 바로잡아 주고 믿어 준 아내 이수영이 있었기에 이 책을 쓸 수 있었고, 지금 새롭게 시작하는 선택도 가능했다. 아내에게 사랑과 고마움을 전한다.

2023년 가을
윤영상

차 례

추천의 글 · 4
들어가는 글 · 6

I

진보와 보수

1. 정치투쟁과 정치언어 · 21

2. 진보와 보수의 사전적 의미 · 25

3. 유럽과 미국에서 진보와 보수란? · 28

진보주의와 보수주의의 탄생 | 좌파와 우파
개념의 등장 | 유럽과 미국에서의 진보 개념 |
보수세력의 재편과 발전 | 사회적 자유주의와
사회민주주의의 결합 | 새로운 좌파와
대중정치

4. 한국에서 진보란? · 37

뿌리 깊은 좌우파 개념 | 진보당과 혁신계 |
북한과 통일혁명당 | 진보의 재정립과 재야 |
NL과 PD의 등장 | 뒤엉킨 진보 개념

5. 민주화 이후 정치언어의 재정립 과정 · 46

문민정부와 국민의 정부 | 남남 갈등과 정치
개념의 혼란 | 노무현 대통령이 생각한 진보

6. 한국 정치에서 전면화된 보수와 진보 · 53

7. 대결 정치의 간판 언어가 된 보수와 진보 · 56

II
한국 진보정치의 역사와 현실

1. 부정할 수 없는 진보정치의 역사적 굴레 · 63

해방과 분단, 통일과 전쟁 | 한국전쟁이 만든
구조와 동맹 질서 | 북한의 특이한 생존력 |
남한 정치의 역동성과 구조적 제약 |
남한 정치와 일본 정치의 함수 관계

2. 80년대 민주화운동과 진보운동의 재정립 · 73

80년대 민주화운동의 성장과 발전 |
1986년 5·3인천항쟁

3. 1987년 6월항쟁과 진보진영의 분열 · 83

6월항쟁 | 1987년 대선과 후보단일화 논란 |
선거 결과가 말해 주는 것

4. 1987년 7·8월 노동자 대투쟁 · 92

5. 한국 정치권의 재편 : 보수대연합과
   중도대통합, 그리고 진보세력의 분열 · 97

보수정치세력의 재편 : 3당합당과 민자당 출범 |
민주당의 재구성 : 김대중의 집권과 민주당의
확대재편 | 진보정치의 독자성을 둘러싼 논란 :
민주연합론과 독자정당론

6. 진보정치의 성공 신화 : 민주노동당과
   열린우리당 · 104

7. 성공과 동시에 찾아온 진보정치의 위기 · 107

8. 흔들리고 분화되는 진보정치 • 111

이명박 정부와 박근혜 정부 | 민주당의 변화 과정 |
진보정당의 분열과 통합, 그리고 재분열

9. 2017년 촛불항쟁과 진보정치 • 116

10. 촛불 이후의 진보정치 • 119

문재인 정부의 정책 실패에 대한 평가 |
조국 사태와 검찰개혁 | 민주당과 진보진영의
내로남불 | 민주당을 넘어선 대안적 진보의 위기

III

**다시 보는
2022년
대선 결과**

1. 역대 최고, 최고, 최고, 최고 • 127

2. 윤석열 후보와 이재명 후보의 당락 분석과
평가 • 130

윤석열 후보의 당선 요인 | 이재명 후보의
패배 요인

3. 대선 결과 심층분석 1 : 젠더 이슈,
지역별 득표율, 세대별 투표율 • 140

젠더 이슈 | 지역별 득표율 | 투표율

4. 대선 결과 심층분석 2 : 대선 의제와
유권자 심리 • 146

정권 연장과 교체 여론 | 후보 만족도 |
이념적 분포 | 심상정 후보 지지자들의 이념적
비율 | 후보 결정 시기

【보론】 지방선거 결과 분석 • 150

IV
진보정치의 위기와 혁신 논란

1. 보수정치의 혁신과 윤석열 정부 · 158

2. 민주당의 위기와 혁신 논란 · 164

   연이은 선거 패배와 혁신 논란 | 언론을 통해 부각된 586 책임론과 용퇴론 | 민주적이지 못한 선거제도 | 민주당의 이념과 정체성은 무엇인가? | 새로고침위원회 보고서 평가 | 재집권의 길과 진보정치

3. 정의당의 위기 · 183

   무능력하고 존재감 없는 연합정치 | 주장과 메시지의 문제 | 정의당의 정체성 문제 | 정의당의 지지 기반 문제 | 정의당의 재창당 가능한가?

V
시대적 과제와 진보정치

1. 지구적 위기와 한국의 위기 · 197

2. 시대적 과제와 미래 의제 : 보수의 길과 진보의 길 · 201

   첫 번째 쟁점 : 4차 산업혁명과 한국 자본주의 | 두 번째 쟁점 : 엄습하고 있는 기후위기와 재난 | 세 번째 쟁점 : 전쟁과 평화

VI

진보정치의 혁신과 재구성

1. 다양한 진보는 피할 수 없는 현실 · 229

2. 진보의 공론장을 활성화해야 · 234

3. 구조와 시대에 맞서는 진보대연합의 정치 · 239

구조적 제약에 맞설 수 있어야 진보정치 | 시대적 과제와 정면 대결하는 것이 진보의 존재 이유 | 작은 차이를 인정하면서 대승적 연대의 길 찾아야 | 전선의 복원과 다양성, 그리고 새로운 대연합의 길

4. 여전히 정치가 중요하다 · 255

진보정치운동의 새로운 미래는 가능한가? | 민주당을 더 진보적으로 만들어야 | 정의당의 재창당이냐 새로운 진보연합정당이냐

진보와 보수

1. 정치투쟁과 정치언어
– 진보와 보수 정치의 정치적 맥락과 그 의미

모든 언어는 시대와 삶을 반영한다. 정치 언어도 마찬가지다. 정치적으로 사용되는 개념과 언어는 그 자체로만 해석해서는 안 된다. 그 속에 담긴 시대적 맥락과 삶을 같이 생각해 볼 필요가 있기 때문이다.

일제강점기에는 민족해방과 독립국가라는 말이 매우 중요한 정치적 의미를 갖고 있었다. 그리고 사회주의와 민족주의는 해방과 독립의 의미가 무엇인지를 설명하는 중요한 정치적 이념으로 부각되었다. 해방 이후 37년에 걸친 독재정권의 역사는 독재와 민주 개념을 부각시켰다. 반공과 근대화·산업화는 독재를 정당화하는 언어였고, 인권과 민주주의 그리고 정권교체는 반독재를 상징하는 언어였다. 1987년 민주화 이후 한국 정치는 새로운 시대적 상황에 맞는 상징적 정치언어를 만들어내지 못했다. 역사의 매듭을 확실하게 짓지 못한 채 낡은 과거와 새로운 미래가 뒤섞이는 과도기적 상황이 지속되었기 때문이다. 기득권세력은 분명하게 존재했으나 민주화 이후의 상황에 맞게 자신들의 정치적 정체성을 구체화하지 못했다. 민주화운동에 앞장섰던 세력들도 자신들의 존재 근거와 정체성을 분명히 하는 데 시간이 걸렸다.

보수와 진보라는 개념은 바로 그런 역사적 맥락을 거치면서 한국 정치의 중심 개념으로 자리잡기 시작했다. 보수와 진보 개념이 새로운 것은 아니었지만 한국 정치의 역사적 변화 과정과 맞물리면서 부각되었다는 것이다. 그런 의미에서 그것은 시대적 변화를 반영한 것이었고, 정치발전을 상징하는 것이었다.

그러나 현재 보수와 진보라는 개념이 사용되고 있는 현실을 보면, 그것이 정말 정치발전의 표식인지 의심하지 않을 수 없다. 합리적 토론보다 흑색선전과 가짜뉴스, 군중심리와 포퓰리즘의 극한대결을 뜻하는 용어의 상징으로 자리잡은 것처럼 보이기 때문이다. 진보와 보수가 국가의 운영과 발전 방향에 관한 이념과 정책을 표현한다기보다 전쟁과 다름없는 패싸움의 깃발처럼 사용되고 있는 것이 현실이다. 물론 그것은 보수와 진보라는 정치적 개념 때문에 발생한 것이 아니다. 상대를 인정하지 않고 극한대결에 집착하고 있는 정치세력들이 그렇게 만든 것이다.

사실 인류의 역사는 권력이나 부와 같은 사회적 희소가치를 둘러싼 치열한 투쟁의 역사로 점철되어 있다. 적어도 정치가 권력의 배분과 관련된 영역이라는 점에서 '정치투쟁'은 정치의 본질적 양상이라고 해도 과언이 아니다. 그러나 정치투쟁의 양상이 국민의 삶이나 국가의 운명과 관계없이 정치세력들만의 이해관계를 다투는 근시안적 투쟁에 머무를 경우,

역사는 어김없이 비극적인 결과를 맞았다. 국가의 멸망과 붕괴, 그리고 전쟁의 비극이 바로 그것을 보여준다. 조선이 망해가던 시절의 모습이 그렇지 않았던가? 어떤 사람들은, 대한민국은 누가 정권을 잡든 상관없이 망하지 않는다고 자신하기도 한다. 분명 그런 힘이 있는 것처럼 보이기도 한다. 하지만 그렇게 낙관하기엔 우리 앞에 닥친 현실이 녹록지 않다.

분노와 증오의 극단적인 정치문화 속에서 진보정치와 보수정치 간의 합리적 경쟁은 사실 그것을 강제할 힘이 없는 한 불가능하다. 애초부터 치열한 권력투쟁, 사회적 갈등 현장에서 '멋진' 경쟁과 타협은 저절로 이루어지지 않는다. 그것은 뛰어난 지도자나 도덕적인 정치인들에 의해 만들어지는 것이 아니라 그렇게 하지 않으면 안 되게끔 만드는 사회적 환경과 깨어 있는 시민들의 힘이 있을 때야 가능하다.

낡은 정치의 교체도 저절로 이루어지지 않는다. 정치권 내부의 변화 시도와 시민들의 혁신 요구가 커다란 정치적 격랑을 만들어낼 때 비로소 가능하다. 물론 민주주의 국가에서는 대통령 선거나 국회의원 선거 같은 치열한 선거 과정이 그런 시민들의 요구와 정치 혁신을 위한 노력을 결합시키기도 한다. 그 과정에서 점진적인 개혁과 혁신, 혹은 급진적인 전환과 변혁의 회오리가 발생할 수도 있지만, 중요한 것은 정치권과 시민들의 상호작용이다. 기성 정치권이 그것을 거부하면 할수록 파장과 격랑은 커질 수밖에 없다. 개혁이냐 변혁(혁명)이냐는 그런 의미에서 특정 세력의 주관적 선택의 문제가 아니라 역사적 과정, 정치권과 시민들의 상호작용의 결과물이라고 보는 게 더 적절할 것이다. 누가 어떤 세력이 그런 변화의 한가운데 있을 것인지는 그들의 정치적 능력에 달려 있다.

내가 진보와 보수란 정치 개념을 다시 검토해 보려는 것도 사실 한국의 진보정치세력이 현재의 위기를 극복하고 성장과 발전의 새로운 길을 개척해 나갈 수 있는지를 가늠해 보기 위해서이다. 반독재 민주화운동의 역사, 노동운동과 다양한 시민사회운동의 발전 과정에서 진보정치세력이 수행해 왔던 역사적 역할을 고려할 때, 그것이 꼭 불가능한 일은 아니라고 본다. 물론 뼈를 깎는 고통과 혁신의 과정을 거쳐야 할 것이다.

과연 우리가 생각하는 진보란 무엇인가? 그리고 지금 우리는 무엇을 해야 하는가?

2. 진보와 보수의 사전적 의미

진보와 보수란 말의 가장 일반적인 정의는 사전에 나온 의미일 것이다. 네이버 표준 국어대사전을 보면 진보와 보수를 다음과 같이 정의하고 있다.

진보(進步)
1. (명사) 정도나 수준이 나아지거나 높아짐.
2. (명사) 역사 발전의 합법칙성에 따라 사회의 변화나 발전을 추구함.

보수(保守)
1. (명사) 보전하여 지킴.
2. (명사) 새로운 것이나 변화를 적극적으로 받아들이기보다는 전통적인 것을 옹호하며 유지하려 함.

영어로 '진보적'이라는 단어는 progressive[1]로, 그 의미는 "favoring or advocating progress, change, improvement, or reform, as opposed to wishing to maintain things as they are, esp. in political matters"라고 설명하고 있다.[2] 진보,

---

1 원래 progress는 라틴어 prōgressus에서 온 말이다. pro(앞으로)와 gressus(발걸음을 옮겨 움직이다)가 합해져서 나아간다. 진보한다는 뜻을 갖고 있다.

2 WordReference Random House Unabridged Dictionary of American English © 2023

변화, 개선 또는 개혁을 선호하거나 옹호하며, 특히 정치적 문제에서 현재를 그대로 유지하려는 것과는 반대라는 의미이다. '보수적'이라는 단어는 'conservative'라고 하는데, "disposed to preserve existing conditions, institutions, etc. or to restore traditional ones, and to limit change"라고 설명한다.[3] 기존 상태, 제도 등을 보존하거나 전통적인 것을 복원하고 변화를 제한하는 것을 의미한다. 진보정당은 progressive party, 보수정당은 conservative party라고 부른다.

이처럼 진보란 '잘못된 것', '용납하기 힘든 것'들을 바꾸고 변화시킨다는 의미를 담고 있다. 멈추지 않고 '새로운 것'으로 나아간다는 의미가 있다. 그런 진보의 개념은 정치·사회적 측면만이 아니라 과학과 기술 분야에서도 사용될 수 있다. 과학기술의 진보라는 말도 가능하다는 것이다.

그렇지만 이 글에서는 주로 정치·사회적 맥락에서 진보의 개념을 검토한다. 그렇게 볼 때 진보란 단어의 핵심은 '잘못된 것', '용납하기 힘든 것'의 정치적 실체를 분명히 하면서, 그것을 바꾸고 대체하는 '새로운 것'을 설득력 있게 제시하는 것이다.

정치적으로 본다면 여기서 두 가지 대중적 공감이 필요하다. 먼저 '잘못된 것', '용납하기 힘든 것'에 대한 대중적 공감

---

3 WordReference Random House Unabridged Dictionary of American English © 2023

이다. 수천 년 동안 가장 일반적인 것은 '굶주림'과 '차별'이었다. 그리고 '새로운 것'은 '먹을 것을 주는 것'을 넘어 '평등하고 공정하게' 모든 사람이 인간다운 삶을 보장받는 사회를 만드는 것이었다. 그래서 탐욕스러운 가진 자들의 창고에서 굶주린 백성들의 입으로 먹을 것을 옮기는 것이 진보였고, 말도 안 되는 차별과 갑질에 맞서 가진 자와 권력자를 처벌함으로써 '평등과 공정'을 실현하는 것이 진보였다.

반대로 보수가 무조건 낡은 모든 것을 지키자는 것이라면 누가 보수에 찬성하겠는가? 그래서 보수정치인들은 전통적 가치와 대의를 중심으로 '지켜야 할 뭔가'를 만들어냈다. 그러면 새로운 시대도 살 만한 세상이 된다는 것이다. 당연히 이들 역시 이중적 의미의 대중적 공감을 얻어야 했다. '지켜야 할 뭔가'가 대중적으로 납득할 수 있어야 하고, 새로운 시대적 상황에서도 먹혀든다는 것을 보여주어야 하기 때문이다.

그래서 동서를 막론하고 가장 많이 언급되었던 것이 바로 '가족의 가치와 소중함'이다. 물론 서구의 시민혁명 이후에는 '개인의 자유, 시장의 자유'라고 언급하는 사람도 많다. 새로운 시대에도 '가족이 소중'하고, '자유'가 소중하다는 것을 대중적으로 설득하는 것이다. 보수가 민주정치 하에서도 생존할 수 있는 근거가 만들어진 것이다. 이제 보수는 나쁜 것, 반동적인 것이 아니라 미래를 준비하는 건강한 과거를 의미하게 되었다.

3. 유럽과 미국에서 진보와 보수란?

원래 보수와 진보, 좌파와 우파라는 개념은 유럽에서 시작되었다. 사실 기존 질서를 옹호하는 세력과 새로운 질서를 추구하는 세력 간의 정치적 갈등과 투쟁은 아주 오랜 역사를 갖고 있다. 인류의 역사가 바로 그런 권력투쟁, 계급투쟁의 역사라고 할 수 있기 때문이다. 그것은 아마도 역사 이전의 선사先史 시대부터 존재했을 것이다. 종교적 갈등이나 민족적 갈등과 결합되든, 경제적 갈등이나 신분적 갈등과 결합되든 그것을 발견하는 것은 그리 어렵지 않다.

진보주의와 보수주의의 탄생

진보주의, 보수주의라는 말은 근대에 이르러서야 탄생했다. 진보주의의 탄생에 관해서는 여러 의견이 있다. 공리주의자 제러미 벤담이나 존 스튜어트 밀, 사회계약론자 장 자크 루소나 독일의 도덕철학자 임마누엘 칸트에게서 그 기원을 찾기도 하고, 미국의 철학자 존 듀이에게서 찾기도 한다. 그들은 사유재산권을 옹호하고 시장에서의 자유경쟁을 극단적으로 강조하는 경제적 자유주의를 넘어 사회적 자유, 정치적 자유, 그리고 분배와 복지, 점진적 개혁을 강조했다. 한마디로 공리주의나 계몽주의적 사고를 바탕으로 진보주의를 주장했던 것이다. 그들은 개인의 자유와 평등을 중시하면서 자본주의 시장경제를 불가피한 현실로 인정했다. 그래서 영국이나 미국의 진보주의를 진보적 자유주의progressive liberalism라고 말하는 것이다. 그들을 사회적 자유주의social liberalism라고도 말하는 것은 특히 밀과 같은 공리주의자의 영향이 크다.

반면 보수주의의 사상적 뿌리는 영국의 에드먼드 버크에게서 찾는 것이 일반적이다. 그는 사회계약론의 전통적 자유주의와 사유재산에 근거한 경제적 자유주의를 공동체의 가치와 연결시켰다. 특히 전통적 가치가 살아 있는 가족과 교회 공동체를 중시하고, 능력주의에 바탕한 대의제(귀족제 같은)를 옹호했다. 반면 칸트식 계몽주의나 사회주의, 공산주의에 대해서는 매우 비판적이었다. 그가 영국의 명예혁명이나 미국의 독립혁명을 높이 평가하였지만 프랑스대혁명에 비판적이었다는 사실은 그런 그의 관점을 잘 보여준다. 물론 에드먼드 버크도 절대왕정과 신분제에 대한 향수를 갖고 있는 반동적 보수세력을 극복하는 문제에 대해 특별한 관심을 기울였다. 그가 보수주의를 체계적으로 정초하려 했던 것도 당시 영국에 남아 있던 낡은 보수의 상징이었던 '토리'들을 겨냥한 것이었다. 물론 우리나라의 보수주의에 비하면 에드먼드 버크의 보수주의도 진보나 용공(容共, 빨갱이)이 아닐지 모르겠다.

좌파와 우파 개념의 등장

좌파와 우파라는 말은 프랑스혁명을 거치면서 등장했다. 프랑스혁명 직후 의회 역할을 하던 국민공회에서 급진적이었던 자코뱅당은 왼쪽에, 점진적이고 타협적이었던 지롱드당은 오른쪽에 앉게 되면서 좌파와 우파라는 말이 생겨난 것이다. 당시 봉건제와 신분제, 그리고 절대왕정을 타파하고 시장경제와 자유주의가 전면에 부각되는 과정에서 보수와 진보, 좌파와 우파라는 말이 정치언어로 등장하기 시작했다. 물론 진보라는 말은 사회자유주의자들이나 칸트의 영향을 받은 사회주의자들이 자주 사용했는데, 마르크스주의자들이나 무정부주의자들은 진보라는 말보다 좌파라는 말을 더 선호했다. 진보란 말 속에 개량주의, 목적론적 사고 등이 포함되어 있다는 이유에서였다.

좌파들은 반자본주의, 사회주의로의 이행을 특히 강조했다. 그래서 지금도 유럽이나 미국에서 사회주의 경향이 강한 사람들은 진보보다는 좌파라는 말을 더 선호한다. 우리나라에서는 진보와 좌파라는 말이 뒤섞여 구별이 잘 안 되는 데 반해, 유럽과 미국에서는 상대적으로 더 엄격하게 사용되고 있는 것이다.

유럽과 미국에서의 진보 개념

흔히 미국과 유럽에서의 진보 개념이 많이 다르다고 하는데, 처음부터 그랬던 것은 아니다. 자본주의 발달 및 계급투쟁, 정치 갈등의 역사가 반영되면서 달라져 왔기 때문이다. 당시 유럽에서는 인클로저 운동과 산업혁명, 러다이트 운동과 노동자들의 조직화, 공황과 인플레이션, 전쟁과 식민지와의 갈등 등 자본주의의 내적 모순들이 사회적·정치적으로 폭발하는 과정에서 생디칼리즘과 사회주의, 공산주의, 무정부주의와 같은 좌파 사상과 노동운동이 자연스럽게 연결되었다.

영국을 비롯한 유럽에서는 노동운동과 좌파정치 이념이 기존의 주류 개혁 세력(자유당, 사회적 자유주의)을 대체하면서 성장했다. 영국에서는 노동당이 자유주의 개혁 세력인 휘그당(자유당)을 대체했다. 프랑스에서도 노동운동에 기반한 사회민주주의, 공산주의 운동이 자유주의 개혁 세력(사회적 자유주의 세력)을 활용하고 넘어서는 과정이 나타났다. 특히 독일에서는 라살, 베벨, 마르크스 등의 영향을 받아 강력하게 성장한 노동운동을 발판으로 카우츠키, 베른슈타인, 에버트 등으로 대표되는 사회민주당이 부상했다. 그러한 역사 속에는 로자 룩셈부르크의 비극적 죽음도 자리하고 있다.

이와 달리 미국에서는 주류 개혁 세력인 민주당과 뉴딜연합(사회적 자유주의 세력)이 좌파 사상과 노동운동의 대중적 기반을 흡수하는 정반대 양상이 나타났다. 좌파운동과 정치세력들이 민주당의 벽을 넘어서지 못한 것이다. 이렇듯 좌파 이념과 노동운동의 결합이 만들어낸 독특한 역사적 맥락이 미국과 유럽의 진보정치가 다른 양상으로 드러나도록 만든 것이다.

그래서 미국에서는 좌파보다는 진보라는 말이, 유럽에서는 진보보다 좌파라는 말이 더 자주, 자연스럽게 사용되고 있는 것이다.

보수세력의 재편과 발전

여기서 우리가 놓쳐서는 안 될 사실이 있다. 미국과 유럽의 진보정치가 변화·발전하는 모습의 반대편에 그 상대방인 보수세력의 새로운 재편과 변화가 자리하고 있기 때문이다.

과거 유럽의 보수세력은 신분제와 절대왕정의 잔재를 극복하고, 시장논리와 자본가들의 이해관계를 대변하기 위한 노력 속에서 보수적 정체성을 획득했다. 홉스와 로크의 사회계약론에 근거한 자유주의는 그들의 신조가 되고, 유럽 보수주의의 원조라는 에드먼드 버크의 사상과 아담 스미스의 '보이지 않는 손'이 공통된 기반으로 자리잡은 것이다. 종교적·민족적·사회적 분위기에 따라 정치적 성향과 노선은 나라마다 조금씩 달랐지만, 1차 세계대전과 2차 세계대전을 거치면서 유럽의 보수주의 역시 공통의 이념적·조직적·대중적 기초를 확립하게 된다. 당시 유럽의 보수주의는 노동운동과 진보세력의 성장, 소련을 비롯한 사회주의권의 부상 등을 반영하여 복지제도와 정부 개입의 필요성을 어느 정도 인정하는 방식으로 자유지상주의 노선을 조정·보완한다.

그러나 1970년대 오일쇼크에 이은 스태그플레이션, 1980년대 자본주의의 전 세계적 확산 과정은 시장논리를 중시하고 정부 개입을 축소시키려는 신자유주의 확대로 이어졌다. 소련과 사회주의권의 붕괴 후 세계화된 자본주의에 대한 찬사가 이어졌고, 보수만이 아니라 진보 역시 신자유주의를 거스를 수 없는 현실로 받아들이기에 이르렀다.[4] 1990년대 이후 신자유주의의 무한질주는 바로 그렇게 등장한 것이다. 보수는 새로운 힘을 얻었고, 세계는 바야흐로 자본주의의 천년왕국 시대에 접어든 것처럼 보였다.

그러나 신자유주의적 세계자본주의는 국가와 민족을 뛰어넘는 새로운 경제질서를 구축했지만 세계 자본주의 질서를 관리하는 세계정부를 만들어내지는 못했다. 세계적 차원에서 전개되는 무한경쟁의 논리는 부국과 빈국, 거대기업과 중소기업, 영세업체들로 연결되는 생태계를 만들어냈고, 각국의 문화와 전통조차 시장논리에 따라 선택적으로 상품화되지 않을 수 없었다. 그리고 그 이윤과 혜택은 불균등하게

---

4 당시 진보세력 내에서 신자유주의를 수용한 세력들은 미국의 민주당 주류, 영국 노동당의 토니 블레어, 독일 사회민주당의 슈뢰더 등 사회민주주의 우파들이었다.

전유專有되었다. 이를 국가 간의 관계로만 단순화해서는 사태의 본질을 제대로 이해할 수 없다. 선진국들 내부에서도 동일하게 나타나기 때문이다. 시장의 효율성, 기술 경쟁과 새로운 산업생태계에 적응하지 못한 전통적 기업들이 붕괴되고, 일자리를 잃은 노동자들의 불만과 절규가 터져나오기 시작했다. 이미 신자유주의 질서 속에 흡수되어 버린 사회민주주의와 진보세력은 그런 노동자와 농민들의 욕망과 분노를 담아내지 못했다. 신자유주의를 선도하는 우파도 마찬가지였다. 전통적인 좌파와 우파가 사회적 갈등과 대중들의 불만을 흡수해 내지 못하면서, 이른바 보수적 국가주의, 국수주의, 인종주의 같은 우익 포퓰리즘이 등장하기 시작했다.

그들은 자본주의를 부정하는 것이 아니라 국가의 소멸로 이어지는 신자유주의적 자본주의를 비판한다. 신자유주의적 세계화를 지지하는 보수세력의 존재감이 떨어지면서 그에 반대하는 보수 포퓰리즘 정치세력이 부상하고 있는 것이다. 프랑스의 마린 르펜, 미국의 트럼프 전 대통령, 이탈리아의 조르자 멜로니 총리 등은 바로 그런 보수정치의 새로운 흐름을 상징한다. 그들을 상대하면서 프랑스에서는 사회당을 탈당한 사민주의 우파 마크롱(전진)과 사민주의 좌파 멜랑숑(불복하는 프랑스)의 분화가 나타나고, 이탈리아의 오성운동, 미국의 샌더스 등이 새로운 좌파의 대안으로 부각된다.

사회적 자유주의와 사회민주주의의 결합

최근 진보정치의 전 세계적 추세는 사회적 자유주의와 사회민주주의의 결합으로 나타나고 있다. 그것은 위기에 처한 진보정치세력의 집권 전략을 반영한다. 미국식 진보 개념이 유럽식 진보 개념을 압도하는 양상으로 해석할 수도 있다. 미국의 민주당은 전통적인 사회적 자유주의만이 아니라 샌더스의 사회민주주의까지 포용하기 시작했다. 유럽에서는 사회적 자유주의와 거리를 두려 했던 사회민주주의 정당들이 우경화되면서 사회적 자유주의와 적극적으로 결합하고 있다. 영국 노동당의 '제3의 길' 노선이나 프랑스 사회당에서 탈당한 마크롱이 만든 '전진'이 바로 그런 예다. 독일 사회민주당의 슈뢰더와 슐츠의 노선도 그와 유사한 맥락이라 할 수 있다.

새로운 좌파와 대중정치

물론 이와는 다른 움직임도 눈에 띈다. 전통적인 좌파라고 할 수 있는 사회당이나 공산당이 무기력해지거나 우경화되는 것을 비판하면서 연합정치와 대중정치의 새로운 모습을 보여주고 있는 새로운 좌파 세력들도 있기 때문이다. 스페인의 포데모스, 이탈리아의 오성운동, 그리스의 시리자와 같은 세력들이다. 그들은 사회당이나 공산당이 기존의 교조나 관성적 활동으로 시대적 요구에 부응하지 못하자, 이를 비판하면서 등장한 일종의 개혁 좌파, 혁신 좌파 운동의 산물이다. 전통적 좌파가 강세였던 프랑스에서는 멜랑숑의 '불복하는 프랑스'가 이들과 유사한 경향을 보인다.

물론 그들은 과거의 급진좌파세력들과 달리 대중적 지지와 집권을 위해서는 사회민주주의 우파들이나 사회적 자유주의자들과도 주저없이 연합하고, 또 결별하기도 한다. 연합과 결별의 기준은 철저히 자신들의 '가치와 이익'이다. 그들은 이념의 순수성과 완결성을 강조하기보다는 대중적 지지와 여론의 향배를 중시한다. 독자성과 연합운동에 대한 유연성과 개방성을 통해 그들이 만들어 가고 있는 새로운 진보정치는 '위기에 처한 진보정치'의 새로운 탈출구처럼 비춰지기도 한다. 과연 그들은 어떤 미래를 만들어 갈 것인가?

4. 한국에서 진보란?

뿌리 깊은 좌우파 개념

한국 사회에서는 보수와 진보보다는 좌파와 우파라는 개념의 역사가 더 오래된 것으로 보인다. 일제강점기 독립운동이나 해방 직후 좌우 대립, 그리고 한국전쟁은 그 뿌리에 좌우파 이념 대결의 요소를 강력하게 담고 있지 않았던가? 전쟁 이후 한국 사회에서 좌파라는 말은 박헌영의 남로당과 빨치산, 그리고 김일성과 북한을 떠올리게 했다. 그들이 박헌영을 지지하든 김일성을 지지하든, 좌파는 적대와 탄압의 대상이었다. 1956년 북한에서 박헌영이 숙청된 뒤 사실상 박헌영과 함께했던 남한의 좌파들은 공식적으로 몰락했다. 남아 있는 좌파들은 북한과 직·간접적 연결을 추구하거나, 김일성의 노선을 수용할 수 없었던 좌파들은 새로운 방식으로 생존을 모색했다.

진보당과 혁신계

바로 그런 상황에서 북한과 다른 사회주의적 지향을 표현하는 언어가 진보, 혁신이었다.[5] 소련이나 북한 등과는 다른

---

5 진보라는 말이 그때 처음 생겨난 것은 아니다. 해방 직후 상황에서도 진보란 말이

유럽식 사회민주주의 성향을 띤 정치세력들은 스스로를 진보세력, 혁신계라고 부르면서 차별화를 시도했다. 그들 중 상당수는 과거 박헌영을 지지하거나 조선공산당 활동을 했고, 또 여운형의 조선인민당에 참여했던 사람들이었다. 그런가 하면 조봉암처럼 이승만과 손을 잡았던 사람도 많다. 1956년 조봉암의 진보당, 1961년 김철의 통일사회당이 대표적인 예다. 2004년 고 노회찬 의원이 "진보세력이 국회에 진입하는 데 50년 걸렸다"고 한 말은 바로 조봉암의 진보당을 떠올린 것이었다.

진보당 이후 사회민주주의 경향의 정치세력들은 스스로를 혁신계로 규정했다. 4·19 직후 등장했던 '가자 북으로 오라 남으로'라는 구호의 주인공들이 바로 진보당 이후의 혁신계였다. 그들은 사회민주주의와 민족주의, 그리고 평화통일을 전면에 내세웠다.

그러나 5·16 군사쿠데타를 통해 집권한 박정희 정권에서 상당수의 혁신계는 '관제官製 사회당' 논란을 거치면서 사실상 정치적으로 소멸한다. 박정희 정권이 북한과의 대결을 의식해 북한식 사회주의는 억압하지만 유럽식 사회민주주의 활동을 허용하겠다는 태도를 취하자, 자칭 사회민주주의자들은 사회민주주의 정당을 만들고 박정희 정권은 물론, 이후 전두환

사용되었다는 기록은 곳곳에서 확인된다. 심지어 조선 시대에도 유럽과는 다른 맥락에서 진보라는 말이 사용되었다는 기록도 있다.

정권에 참여하는 일까지 벌어졌다. 그래서 한동안 남한에서 사회민주주의는 '관제 사회주의' 이미지가 강해 기피 단어가 되기도 했다.

북한과 통일혁명당

그와 달리 북한과 연결된 좌파들도 있었다. 그들은 통일혁명당 같은 지하혁명당을 만들어 북한과의 연결을 꾀했다. 독재정권은 그들을 간첩단으로 몰아 탄압했고, 그들을 이용해 북한에 대한 적대감을 고취시켰다. 그 배경에는 북한의 통일 전략의 변화도 자리잡고 있다. 북한은 1945년 이후 민주기지론에 따라 조직원을 파견해서 남한 사회를 변혁시키고자 했다.

그러나 분단이 고착화되면서 그런 전략이 더 이상 효과를 발휘하기 힘들자, 1961년 기존의 민주기지 노선을 폐기하고 남조선혁명론을 내놓았다.[6] 사실상 두 개의 국가 현실을 인정한 노선의 전환이었다. 그 핵심은, 남조선 혁명은 남조선 인민과 남조선의 전위당에 의해 추진되어야 한다는 것이다. 이후 북한은 남한에서 전위정당 건설을 지원하는 방식으로 전략을 바꾸고, 그런 전위조직이 남한 사회에 뿌리내리는 것을 강조

---

6 김일성은 1961년 9월 11일 〈조선로동당 제4차대회에서 한 중앙위원회 사업총화 보고〉에서 최초로 남조선 혁명론을 제시한다. 남한의 독자적인 전위당의 필요성을 강조하면서, 남조선의 인민민주정부와 북조선의 사회주의정부 간의 연방제 통일을 통일방안으로 확정한 것이다.

했다. 1973년 발표되었던 북한의 고려연방제 통일방안도 사실상 남조선의 혁명 정부와 북조선의 사회주의 정부 간의 통일이 핵심이다.

진보의 재정립과 재야

1970~80년대 민주화운동의 역사는 남한의 좌파 또는 진보 세력이 재정립되는 중요한 시기였다고 할 수 있다. 분단이 고착화되면서 북한과 연계된 활동은 국민의 지지를 얻기 힘들었고, 또 남한의 혁신계는 이미 그 생명력을 잃어버렸다고 할 수 있기 때문에 새로운 세력이 만들어지지 않으면 안 되었다.

그 결과 해방 직후의 좌우 이념 대립과 구별되는 새로운 세력이 탄생했다. 이른바 양김씨(당시 야당의 대표적인 정치지도자였던 김대중과 김영삼을 일컫는 표현)가 주도하는 제도권 야당과 구별되는 재야운동, 민중운동을 '진보운동', '진보세력'으로 규정하게 된 것은 바로 그런 역사적 맥락에 따른 것이다.[7]

이때 진보라는 개념은 독재를 반대하는 민주주의라는 의미만이 아니라 민중이 주도하는 세상, 노동자가 주도하는 세상을 추구하고, 미국에 대한 비판적 입장에 근거해서 자주통일을 추구하는 것을 의미했다. 그것은 당시 반독재 민주화운동

---

7 민족민주운동, 민중민주운동이라고 부르기도 했다.

에 앞장서고 있던 양김씨의 주장과는 다른 것이었다.

NL과 PD의 등장

당시 새로운 진보세력의 등장 과정에는 좀 더 이념적·계급적 성격을 분명히 하려는 흐름도 자리잡고 있었다. 이른바 엔엘NL과 피디PD의 등장이다. 그들은 진보, 진보세력, 진보정당이라는 말을 일종의 연합전선 개념으로 이해했다. 반독재, 비야당 재야민중운동세력을 진보세력이라고 부른 것이다.

그들은 그런 진보세력의 연합을 바탕으로 독재정권을 타도하고 한국 사회를 근본적으로 바꾸는 혁명이 필요하다고 생각했다. 그들 대부분은 사회주의를 당연한 이념적 지표로 받아들였다. 물론 그들이 지향하는 이념과 전략적 과제가 북한과 유사한 경우도 있었고, 북한과는 다른 유럽식 또는 남미식 사회주의와 연결시켜 사고한 흐름도 있었다.

당시 엔엘NL은 NLPDR 즉 민족해방민중민주주의혁명론 National Liberation People's Democratic Revolution을 주장했는데, 한국을 미국의 식민지로 보고, 전두환 정권을 괴뢰정권, 앞잡이로 보는 입장이었다. 그들은 반미투쟁을 혁명 전략의 핵심으로 생각했다. 그들을 NL이라고 부르게 된 것은 그 때문이다. 북한의 입장과 유사한 점이 많아 친북적인 운동권 집단으로 평가되었다. 특히 그들 중 일부는 노골적으로 북한 김일성의 주체사상을 자신들의 이념적·실천적 기초로 생각했다. 그러나 남한 내에서 자생적으로 형성된 흐름이었다는 점에서 1960~70년대 북한에 의해 좌우되던 지하혁명당과는 달랐다. 그들은 학생운동이나 노동운동 같은 대중운동적 기반을 토대로 세력을 형성했고, 북한과 독립적으로 전략과 전술을 세워 활동했다.

피디PD는 AIAMPDR 즉 반제반독점민중민주주의혁명론 Anti-Imperialism Anti-Monopolycapitalism People's Democratic Revolution 을 주장했다. 또 일부는 반제반파쇼AIAF를 전면에 내걸기도 했다. 그들은 한국을 미국이 독점자본과 독재정권(군사파쇼정권)을 통해 간접지배하고 있는 신식민지로 보았다. 그래서 반미 투쟁보다는 반독재(반파쇼)·반독점 투쟁이 더 핵심적이라고 생각했다. 그들을 PD라고 부르게 된 것은 민족보다는 민중을 혁명 투쟁의 핵심 동력으로 보았기 때문이다. 반독재·반독점 투쟁의 핵심 주체를 민중으로 보면서, 반제 투쟁도 민중의 이익과 성장이라는 관점에서 배치한 것이다. 그들 대부분은 북한의 김일성주의와 주체사상을 비판하면서 마르크스, 레닌, 로자 룩셈부르크 등의 사상을 자신들의 이념적 뿌리로 생각했다.

뒤엉킨 진보 개념

NL이든 PD든 혁명의 성공을 위해서는 사회주의라는 궁극적 목표에 동의하지 않는 개혁세력, 전투적 민주주의자, 민족주의자들과의 연합을 당연시했다. 그들은 군사독재정권에 비타협적으로 투쟁하는 사람들로, 사회적 자유주의나 유럽식 사민주의를 지향하거나 과거 혁신계 성향의 사람들, 변호사, 교수, 인권운동가, 종교인, 양심적 기업가, 언론인 상당수가 포함되었다. 사실 진보는 바로 그런 사람들을 모두 포괄하는 넓은 개념이었다. 흔히 진보운동이라는 말의 의미는 당시 널리 사용되고 있던 민족민주운동, 삼민운동, 민중운동 등과 비슷한 것이라고 할 수 있었다. 혁명적 사회주의 운동만을 진보운동이라고 하지 않았다는 말이다.

당시 진보운동 내에서는 주장과 노선, 활동 기반 등에서 많은 차이가 있었지만, 반독재 민주화운동, 반외세민족자주운동이라는 일종의 심정적·실천적 연대감이 자리잡고 있었다.

그러나 그런 연대감은 1987년 6월항쟁 이후 치러진 대통령선거를 거치면서 사실상 붕괴된다. 양김씨와 진보운동진영의 분열이 군사쿠데타의 주역이었던 노태우를 민주화 이후 첫 대통령으로 선출하는 기형적 상황을 초래했기 때문이다. 당시 진보운동진영은 김대중 후보에 대한 비판적 지지, 양김씨의 후보단일화, 민중독자후보출마론으로 분열되었다. 독재 청산과 민주정부 수립을 염원하는 사람들에게는 양김씨와 진보세력 모두가 역사의 죄인이다. 역사에서 가정은 없다지만, 당시 후보단일화만 이루어졌다면 제대로 된 민주정부를 수립하고, 친독재·친일세력의 청산이 좀 더 철저하게 이루어졌을 것이다.

사실 NL과 PD가 혁명과 사회주의에 경도되었던 것은 전두환 정권의 영향이 컸다. 1980년 5월 광주에서 벌어진 대학살과 그 이후 진행된 군인과 정보기관, 경찰에 의한 강압통치는 사회 전체를 대규모 감옥으로 만들었다. 그 결과 인권과 민주주의가 짓밟히는 사회적 지옥이 되고 말았다. 조지 오웰의 동물농장이 따로 존재하는 것이 아니었다.

상황이 그렇다 보니 정권에 맞서는 일이 마치 일제강점기에 일제와 타협해서 생존할 것인가, 아니면 그들을 쫓아내고 독립국가를 수립할 것인가와 같은 의미의 결단을 요구받았다. 그래서 80년대 학생운동, 청년운동의 다수는 '혁명'을 당연시했고, 그들이 추구하던 민주주의는 사회주의를 지향하는 민중민주주의였다. 그래서 프랑스의 레지스탕스나 일제강점기 독립운동가들처럼 '지하조직', '비밀결사'를 만드는 것을 당연하게 생각했다. 첩보영화에서 보듯이, 경찰을 따돌리고 은밀하게 만나 회합하는 것이 그들을 지배했던 문화였다.

또한 당시 학생운동이나 청년운동, 노동운동을 하던 사람들이 주로 사용하는 말을 들으면 어느 노선과 경향인지를 바로 알 수 있었다. 사투리만 들어도 전라도 사람인지 경상도 사람인지 알 수 있듯이, 이른바 운동권 사투리(은어)가 그들의 노선을 드러내 준 것이다. 코카콜라나 햄버거를 먹지 말라는 식으로 반미 성향이 강하면 NL이었고, 반대로 재벌 비판에 열을 올리면 PD였다.

그런데 1987년 이후 형식적으로나마 민주화가 이루어지면서, 전두환 정권 시절과는 비교할 수 없는 정치환경이 조성되었다. 민주화된 공간에서 노동조합운동이 비약적으로 발전하기 시작했고, 소련과 동구권의 몰락은 더 이상 사회주의와 혁명운동이라는 말을 사용하기 힘든 사회적 조건을 만들어냈다. NL과 PD라는 80년대 운동권의 자칭 '전위'들은 스스로를 규정하는 말을 잃어버렸다. 그래서 이전에 민족민주운동, 민중운동과 같은 의미로 사용했던 진보운동을 자신들을 표현하는 말로 사용하기 시작했다. 좁은 의미의 진보운동 개념과 넓은 의미의 진보운동 개념이 어느 순간 뒤섞이게 된 배경이다.

그러나 1987년 민주항쟁 직후에는 그들 모두 정치적으로 힘이 없었기 때문에 그런 차이는 큰 의미가 없었다. 단지 제도정치 주변에 존재하는 다양한 하위문화권의 자의적인 개념 적용에 불과했다. 하지만 그들이 점차 세력화되고 힘을 갖게 되면서 '진보'라는 말을 둘러싼 '소유권' 논란이 벌어지기 시작했다.

5. 민주화 이후 정치언어의 재정립 과정

1987년 이전에 한국 정치를 지배했던 개념은 독재와 민주주의였다. 그런데 1987년 민주화 이후 등장한 노태우 정부는 '기괴한 정부'였다. 군사독재정권의 핵심 인물이 민주적인 선거를 통해 대통령으로 선출되었기 때문이다. 군사쿠데타를 일으켜 민주주의를 유린했던 사람이 민주항쟁의 결과 치러진 민주선거에서 대통령이 된 것은 바로 민주화운동세력의 분열과 무능 탓이었다. 양김씨의 권력욕과 그들을 제어하지 못한 진보세력의 무능이 합쳐진 결과라고 할 수 있었다. 냉전적 보수, 독재 보수는 운이 좋았고, 그런 상황을 이용할 줄 알았다는 점에서 영악했다. 그것이 한국 정치의 냉엄한 현실이었다.

문민정부와 국민의 정부

독재보수세력과 손을 잡지 않고서는 대통령이 될 수 없다고 판단한 통일민주당 김영삼 대표는 3당합당을 통해 민주자유당을 창당했다. 이른바 독재 보수와 민주화 보수가 손을 잡은 것이다. 이것도 한국 정치의 특징이다. 그 결과 1992년 대선은 김영삼 후보의 압승으로 귀결되었다. 김영삼 정부는 한국 보수의 질적 전환을 의미했다. 그러나 민주화 과정이 그랬

듯, 그 질적 전환은 한 번의 시도로 완성되는 것이 아니었다. 친독재·친일보수와 반독재·반일 보수가 반공·반북·친미를 매개로 뒤섞이는 것을 의미했기 때문이다. 이회창, 이명박, 박근혜로 이어지는 보수세력의 역사는 이를 잘 보여준다. 한국 정치는 맺고 끊는 것이 분명한 정치가 아니다.

사실 1992년 대통령선거에서 당선된 김영삼 대통령은 이전의 노태우 정부와 구별하는 의미로 자신의 정부를 '문민정부'라고 불렀다. 그냥 민주정부라는 말을 쓰고 싶었으나, 노태우 정부도 민주적으로 선출되었다는 점에서 한계가 있었다. 12·12 쿠데타의 주역이 민주적으로 선출된 상황에서 '민주'라는 단어가 빛이 바랜 측면도 있었다. 양김씨의 분열이 초래한 결과였다. '문민'이라는 말은 그런 의미에서 '군부' 혹은 '군사'의 대칭어로 등장한 것이었다. 구어체라기보다 문어체 냄새가 물씬 풍기는 '문민정부'라는 말은 그렇게 탄생했다.

한국 정치의 중요한 전환점 중 하나는 1997년 12월 김대중 후보의 대통령 당선이다. "사상 최초의 정권교체"라는 말은 단지 민주당의 주관적 표현만은 아니었다. 적어도 영원히 정권을 뺏길 일이 없다고 생각했던 기존 기득권세력이 처음으로 정권을 빼앗긴 경험을 하게 되었기 때문이다. 보수 기득권세력의 정서적 충격은 상상 이상이었던 것으로 알려졌다. 김대중 대통령과 새정치국민회의도 고민이 있었다. 당시 정권을 내준 김영삼 대통령과 신한국당을 독재자와 독재정당이라고 부를 수가 없었고, 정권을 장악한 김대중 대통령과 새정치국민회의만을 민주화운동의 대표주자, 민주정당이라고 부를 수도 없었기 때문이다.

김대중 대통령은 고민 끝에 정부 명칭을 '국민의 정부'라고 정했다. 최초의 정권교체는 이루어졌으나 김영삼 대통령도 민주화운동을 했기에 최초의 민주정부라고 말할 수는 없었기 때문이다. 결국 민주주의의 주체가 다름 아닌 국민이고, 외환위기라는 국가적 위기를 극복하기 위해서는 국민적 지지와 참여가 무엇보다 중요했기 때문에 '국민의 정부'라는 표현을 선택한 것이다.

그렇다면 김영삼과 김대중 대통령, 이 둘의 차이를 설명할 수 있는 말은 무엇일까? 또 그 뒤에 자리잡고 있는 거대한 두 정치세력의 차이를 설명할 수 있는 말은 무엇일까?

박정희·전두환 등을 군부독재로 규정하고, 양김씨를 보수정치인으로 규정했던 김근태·장기표·노회찬 의원 등과 같은 사람들도 김영삼과 김대중 대통령을 구별하는 언어를 내놓지 못했다. 물론 1987년 대선 당시 김대중 후보에 대한 비판적 지지를 주장했던 사람들은 김영삼보다 김대중이 더 진보(친화)적이라고 생각했다.

그러나 '비판적'이라는 수식어를 앞에 달고 있었던 것에서 엿볼 수 있듯이, 김대중 후보를 진보정치인이라고 규정하지는 않았다. 상대적으로 독자후보, 독자세력화를 강조했던 사람들은 김대중과 김영삼 후보의 차이를 크게 보지 않았다. 그들은 보수적 자유주의자들이었을 뿐이다. 당시 진보는 양김씨를 대변하는 말이 아니라 재야운동, 민중운동, 노동운동, 사회주의 운동을 부드럽게 표현하는 말이었다.

남남 갈등과 정치 개념의 혼란

김대중 정부가 출범한 후, 이른바 '남남 갈등'이라는 말이 본격적으로 등장하기 시작했다. 이때 남남 갈등은 단순히 남한 내부의 갈등, 남한 사람들 간의 갈등을 의미하는 것이 아니었다. 남북 갈등과 비교되는 의미에서의 남한 내부의 갈등을 의미했다. 이른바 북한 문제를 둘러싼 남한 내부의 입장 차이와 갈등을 표현하는 말이었다. 김대중 대통령의 대북 포용정책, 남북정상회담 추진 등에 대한 입장이 격렬하게 대립하면서 남남 갈등이라는 말이 생겨난 것이다.

그런데 남북 갈등과 대비되는 의미의 남남 갈등의 역사는 사실 김대중 정부 때 시작된 것이 아니었다. 박정희·전두환 정권에서도 있었고, 이승만 정권에서도 있었다. 그 뿌리를 거슬러 올라가다 보면 1945년 해방 직후의 좌우 갈등을 만날 수 있다.

그러나 김대중 정부 때 남남 갈등이라는 말이 만들어지고, 그것이 반복적으로 재생산되기 시작했다. 그것은 바로 정권교체가 일어났기 때문이다. 과거 독재정권과 기득권층이 '빨갱이'로 비난했던 정치인이 대통령이 되면서 공수 전환이 이루어진 것이다. 정권을 빼앗긴 보수세력은 그런 현실을 받아들이기 쉽지 않았다. 그들은 독재 대 민주라는 정치적 프레임이 자신들에게 불리하다고 생각했다. 그래서 오래되었지만 여전히 효력 있는 과거의 프레임을 가져왔다. 반북 대 친북, 반미 대 친미의 공방전이 벌어지고, 남남 갈등이라는 말이 한국 정치를 장식하게 된 배경이다.

그러나 합법적으로 등장한 정권을 노골적으로 친북정권이라고 말할 수는 없는 일이었다. 그래서 주류 언론들은 친북을 진보, 반북을 보수라는 프레임에 가두기 시작했다. 이제 남남 갈등은 대북정책을 둘러싼 보수 대 진보의 갈등으로 포장되었다. 보수는 북한을 흡수하려는 사람들, 진보는 북한의 통일전선 전략에 넘어간 사람들이라는 식의 이미지를 만들어낸 것이다. 조선일보나 동아일보는 그런 방식으로 여론을 끌고가는 데 누구보다 탁월했다. 해방 직후 신탁통치 찬성·반대를둘러싼 쟁점도 사실 동아일보의 '가짜뉴스'가 만들어낸 작품이 아니었던가. 물론 그렇다고 해서 곧바로 보수와 진보라는말이 일반화·대중화되었던 것은 아니다.

무엇보다 김대중 대통령 스스로 자신을 진보정치인으로 주장하지 않았다. 그는 진보친화적인 보수정치인, 사회민주주의를 존중하는 자유주의자의 이미지를 유지하려고 했다. 그는 북한에 대한 유화적인 입장을 얘기할 때도 먼저 북한을 비판하거나 북한의 입장에 동의하지 않는다고 밝혔다. 또한 누구보다도 미국을 잘 이해한다는 친미주의자임을 선언하면서 미국의 정책을 비판했다. 그는 보수언론과 수구냉전세력의 악의적 프레임에 말려들지 않아야만 자신의 존재 가치를 드러낼 수 있다는 정치적 생존법이 체질화되어 있었다. 김대중 대통령이 자신의 대북정책을 '햇볕정책'이라고 부르게 된 것도 그런 수구냉전세력의 공세에 맞서기 위한 것이었다. 햇볕정책이라는 말은 북한 입장에서도 기분 나쁜 표현이 아니던가? 북한의 옷을 벗기는 데 바람이 더 효과적이냐, 햇볕이 더 효과적이냐는 비유 속에서 탄생한 정책이기 때문이다. 친일·독재세력이 반공을 앞세워 대중을 현혹하고 있는 상황에서 그들의 프레임에 말려들지 않으려는 김대중 대통령의 논리 구조가 잘 드러나는 대목이다.

노무현 대통령이 생각한 진보

보수와 진보라는 말이 정치권 전반, 그리고 대중적으로 널리 쓰이기 시작한 것은 사실 노무현 정부가 출범한 이후라고 할 수 있다. 노무현 대통령은 김대중 대통령과 달리 스스로를 진보라고 생각했다. 노무현 대통령은 당시 민주당 내 진보세력의 한 흐름을 대변했다. 노무현 대통령이 생각하는 진보는 토니 블레어의 '제3의 길'과 유사한 것이었다. 그는 이에 대해

제3의 길 노선과 원리주의 진보를 구별하면서 설명한다.[8] 노 대통령 지지 모임인 노사모(노무현을 사랑하는 사람들의 모임)도 자신들을 진보라고 생각했다. 노무현 정부 출범 이후 대거 국회의원이 된 80년대 운동권 출신들도 스스로를 '진보'라고 불렀고, 대부분의 언론도 그것을 자연스럽게 받아들였다.

바야흐로 보수와 진보라는 단어가 한국 정치의 양대 주류 세력을 대변하는 개념으로 자리잡기 시작한 것이다. 여론조사 기관들도 유권자들의 주관적 이념 성향이라는 항목을 넣고, 보수·중도·진보라는 단어로 유권자들의 정치 성향을 구분하기 시작했다.

이런 상황은 80년대 말, 90년대를 거치면서 '진보의 상징'으로 자부했던 '진보정당추진세력'이나 노동운동, 농민운동 등 민중운동단체에서 활동하던 사람들의 입장에서는 불편하기 짝이 없는 현실이었다. 민주노동당의 입장에서는 '자기들만의 상표'라고 생각했던 것이 어느 순간 '이웃 동네'인 열린우리당(노무현 정부 때 만들어진 민주당 계열의 정당)의 상표로 둔갑해 버렸다고도 할 수 있다. 그래서 나온 말이 '무늬만 진보', '짝퉁 진보'라는 표현이었다. 그러나 대중적 맥락에서나 역사적 맥락에서 볼 때 열린우리당이나 민주노동당은 모두 진보 정치세력이었다. 강온의 차이, 집권 여부 차이만 달랐을 뿐이다. 그렇게 정치현실은 바뀌어 갔다.

---

8 노무현, 『진보의 미래』, 노무현전집 4, 2019, 돌베개, 129쪽.

6. 한국 정치에서 전면화된 보수와 진보

진보와 보수는 좋든 싫든 오늘날 한국의 정치적 갈등을 표현하는 대표적인 용어가 되었다. 더불어민주당이나 정의당, 진보당, 녹색당, 노동당 등은 스스로 진보라고 생각한다. 반면 국민의힘이나 자유통일당, 우리공화당 등은 자신들을 보수라고 자랑스럽게 말한다.

사실 진보세력이나 보수세력 내에서도 다양한 입장 차이가 존재한다. 그런 입장 차이를 강온에 따라 구별하는 것이 가장 일반적인 방식이다. 이른바 중도(온건) 진보, 진보, 강한 진보, 중도(온건) 보수, 보수, 강한(수구) 보수로 나누는 것이다.

그렇지만 이러한 구분법은 진보와 보수 내의 복잡한 차이를 단지 강온만으로 구분하는 문제점을 안고 있다. 진보세력이나 보수세력의 입장 차이를 구체적으로 들여다보면 문제가 그리 단순하지 않기 때문이다.

이른바 진보정치세력 가운데는 북한식 사회주의든 유럽식 사회민주주의든 자본주의를 비판하는 사회주의의 다른 이름이 진보라고 생각하는 사람이 있는가 하면, 한·미 동맹을 인정하면서 복지국가를 추구하는 자본주의를 진보라고 생각하는 사람도 있다. 이를 다르게 표현하면 자본주의나 한·미 동맹의 질서를 인정한 상태에서 정치적 영향력을 키워 가려는

'구조내적(체제내적) 진보'와 그것을 부정 또는 극복하는 것을 분명하게 내걸고 있는 '구조를 넘어선(반체제) 진보'로 구분할 수도 있다는 것이다. 두 세력은 선거 대응이나 정치 활동 방식에서 근본적 차이가 있다.

한편 보수정치세력들 가운데는 친미·친일·친독재를 정당화하는 사람들을 많이 볼 수 있다. 물론 미국과의 관계를 더 중시하는 사람들이 주류를 이루고 있지만 친일, 심지어 일본 극우파와의 동질감을 강조하는 사람들도 있다. 대부분의 보수정치세력은 북한이나 중국을 자신들의 존재를 심각하게 위협하는 나라라고 생각하고, 민주당이나 진보정치세력을 친중·친북 세력이라며 적대시한다.

이들과 달리 민주주의와 시장경제를 바탕으로, 한·미 동맹과 한·일 협력을 강조하며 평화적 흡수통일을 주장하는 것이 진정한 보수라고 주장하는 사람들도 있다. 이들은 맹목적으로 친일·친독재를 옹호하지 않고 민주주의와 인권이라는 기본적 가치를 존중한다는 점에서 일제강점기 독립운동과 반독재 민주화운동을 중시하는 진보세력들과 공통점이 있다. 그러나 시장경제와 자본주의, 재벌과 대기업들을 중시하고, 한·미 동맹에 근거한 국제정치질서를 한국의 생존 방식으로 옹호한다는 점에서 명확한 보수적 정치 지향을 드러낸다.

물론 정치는 생물이다. 다양한 정치적 쟁점들이 등장했다가 사라지는 역동적인 과정을 통해 정치세력들의 정체성이 끊임없이 재규정되고 해석되기 때문이다. 만약 정치문화가 수준 높게 발전해 간다면 진보와 보수의 생산적 경쟁이 자리 잡게 될 것이다. 그러나 정치적 갈등이 극단화되고, 가짜뉴스와 흑색선전이 지배적인 상황이라면 퇴행적 과정이 반복될 수도 있다. 악화가 양화를 구축하는 상황이 올 수 있다는 것이다.

7. 대결 정치의 간판 언어가 된 보수와 진보

보수와 진보라는 말을 사용한다고 해서 정치문화가 근본적으로 바뀌는 것은 아니다. 독재정치를 완벽하게 청산하지 못한 상태는 독재정권 하에서 횡행했던 정치 행태가 되풀이되는 것을 막지 못했다. 또 양김씨의 30년에 이르는 경쟁과 갈등의 역사 속에서 형성된 지역주의와 파벌정치 문화는 사실상 주류 정치 문화가 되었다. 각 당에 이질적인 세력들이 한자리에 모여들었고, 주요 정당들 간의 권력다툼은 독재정권 시절과는 다르지만 치열하고 야비하긴 마찬가지였다.

지역감정과 친북 논란, 흑색선전과 여론조작 등이 제도적 제약을 넘나들면서 펼쳐지기 시작했다. '표현의 자유'라는 이름 아래 말과 선동의 정치가 전면에 부각되었다. 그 귀결은 선거에서의 표 대결이었다. 더 많은 표를 확보하기 위한 선동과 거짓말, 흑색선전이 난무했고, 그것을 뒷받침하는 조직을 유지하기 위해 출처를 알 수 없는 돈이 흘러다니기 시작했다. 독재정권 시절의 상징이었던 군과 경찰, 안기부 등의 사찰과 여론조작은 표면적으로는 사라졌으나 언론과 말에 의한 선동과 여론조작이 그 자리를 대신한 것이다.

전쟁 같은 대결의 정치가 한국 사회를 지배하기 시작했다. 그 간판 언어가 바로 보수와 진보였다. 그런 상황을 '독재와 민주'의 시대로 후퇴했다고 평가할 것인가? 아니면 해방 직후의 좌우 갈등이 부활했다고 할 것인가? 그것은 그 모든 것을 제대로 청산하고 극복하지 못한 한국 정치의 현재 모습이라 할 수 있다.

사실 독재의 잔재가 부활하는 것은 크게 걱정할 필요가 없다. 그것은 일시적이거나 촛불이 꺼지기 전 잠시 환해지는 것과 같은 회광반조廻光返照 현상에 불과하다. 촛불혁명은 바로 그런 퇴행을 바로잡는 힘이 존재한다는 것을 보여주었다.

정말 우려스러운 일은 극한대결의 정치가 앞으로도 반복될 가능성이 높다는 것이다. 해방 직후처럼 테러와 전쟁 같은 극단적 형태는 아니지만 가짜뉴스와 여론조작, 흑색선전으로 서로를 죽고 죽이는 것이 현실이 된 지 오래다. 언살言殺, 구살口殺의 시대! 그 속에서 국민의 삶은 피폐해지고, 나라의 운명도 위태로워질까 걱정이다.

최근 들어 '낡은 진보'란 말이 자주 등장한다. 새로운 것을 만들어내고, 새로운 시대에 대비한다는 진보가 낡은 과거에 사로잡혀 있다는 의미일 것이다. 80년대식 진보 개념으로 21세기를 대비하는 식이다. 그래서 이를 '보수적 진보'라고도 한다. 또 '기득권화된 진보'란 말도 등장했다. 낡고 잘못된 구조를 바꾸어야 할 진보가 기존 질서의 일부가 되어 '진보'란 이름으로 자신들의 이익을 챙기고 있다는 의미일 것이다. 이는 민주당이나 진보정당, 민주노총이나 일부 진보적 시민단체의 권력화·기득권화 현상에 대한 뼈아픈 비판이다.

중요한 것은 기득권을 내려놓고 시대 상황에 맞는 진보적 가치를 정립하고 실천하는 것이다. 그것이 바로 '새로운' 진보이며, '미래'의 진보일 것이다. 디지털 전환, 기후위기, 전쟁과 평화는 진보가 정면으로 마주해야 할 시대적 과제이다. 그 속에서 '새로운' 진보와 '미래'의 진보가 본모습을 드러내야 한다. '진보'의 이름으로 그런 시대적 과제를 거부한다면, 그들은 '진보'의 이름으로 '기득권'을 정당화하는 '보수'일 수밖에 없다.

반면 '진보적 보수'란 말도 등장하고 있다. 개혁 보수, 혁신 보수의 다른 이름이다. 기존의 수구 보수, 꼴통 보수, 반공 보수와는 다른 보수라는 점에서 매력적인 언어 조합이다. 그들이 과거의 보수와 다른 점은 독재에 반대하고 민주주의를 위해 노력했던 역사를 인정하고, 일본과의 협력을 강조하면서도 식민지 잔재 청산과 독립운동의 역사를 바로 세우는 것에 동의한다는 것이다. 그들은 시장논리를 존중하고, 북한 체제에 대해 비판적이다. 보수적 가치와 입장을 분명히 하되, 낡은 보수를 극복하겠다는 의지를 분명히 한다. 새로운 진보가 경각심을 가져야 할 진정한 경쟁의 상대방이 출현한 것이다.

그들은 과연 한국 보수의 미래가 될 수 있을까? 아마 그들만으로는 힘들 것이다. 새로운 진보가 대중적 지지를 얻고 실력을 발휘해야만 개혁 보수도 보수의 주류로 등장할 수 있다. 세상의 이치가 그렇다. 새로운 진보와 개혁 보수가 동반성장하지 않는다면, 둘 다 기성 정치문법 속으로 흡수될 수밖에 없다는 것이다.

II

한국 진보정치의
역사와 현실

1. 부정할 수 없는 진보정치의 역사적 굴레
 - 2국가 체제와 전쟁질서

한국 진보정치의 변천사를 어디서부터 시작할 것인가?[9] 당연히 한국 진보정치의 현재 위기를 말하기 위해서는 1987년 이후의 진보정치 발전 과정을 중심으로 검토해야 할 것이다.

그러나 한국의 진보정치를 규정하고 있는 구조적 족쇄를 건드리지 않고서는 변천사를 설명하기도 어렵고, 현재와 미래의 대안을 말하기도 힘든 것이 현실이다. 따라서 해방과 분단, 그리고 한국전쟁을 거치면서 만들어진 역사적 구조와 쟁점들이 무엇이며, 어떻게 영향을 미치고 있는지를 설명하지 않을 수 없다.

한국의 진보는 천형과도 같이 구조적 제약과 마주하면서 미래를 만들어 갈 수밖에 없다. E. H. 카의 말처럼 "역사는 현재와 과거의 끊임없는 대화"이고, 정치는 그런 대화를 통해 미래를 만들어 가는 것이기 때문이다.

---

9 2장의 내용은 윤영상, 「위기에 빠진 진보정치: 역사적 평가와 재구성의 길」, 『창작과 비평』 2022년 가을호에 실린 내용을 보완, 재구성한 것이다.

우리는 스스로의 힘으로 해방과 독립을 쟁취하지 못했다. 해방은 자력으로 쟁취한 것이 아니라 강대국 간 전쟁에서 일본이 패망하며 주어진 것이었다. 미국과 소련의 편의에 따라 그어진 38선은 점차 세계사적 냉전의 규정을 받으면서 서로 다른 두 개의 국가를 만들어냈다. 두 개의 국가 건설에 미국과 소련이 얼마만큼 개입했느냐를 둘러싸고 많은 논란이 있지만, 결과적으로 미·소 냉전 구도에 가장 적합한 세력이 남한과 북한에서 국가권력을 장악했다는 사실만은 변하지 않는다.

분단과 좌우 이념 갈등 속에서 친일청산 문제는 남한과 북한에서 서로 다르게 진행되었다. 좌파가 주도권을 잡은 북한에서는 철저하게 이루어진 반면, 좌우 이념 갈등이 심각했던 남한에서는 그렇지 못했다. 미군정의 필요와 해방 직후의 정치적 갈등은 친일파들까지 동원하는 상황으로 이어졌기 때문이다. 북한과 달리 남한에서 친일청산 문제가 여전히 남아 있는 이유이다.

해방과 분단 시기 한국 정치의 핵심 쟁점은 분단과 통일이었다. 분단을 막으려는 사람들(통일추구세력)과 분단을 이용해 정치적 목적을 달성하려는 사람들(분단세력)이 충돌했고, 결국 분단을 이용해 자신들의 정치적 목적을 달성하려는 세력들이 남한과 북한에서 각각 승리했다. 좌우합작을 통해 분단을 극복하려 했던 세력들은 모두 실패하고 제거되었다. 그렇게 분단은 기정사실화되었다.

당시 분단과 두 개의 국가 체제는 일시적인 것으로 간주되었다. 다시 말해 분단을 추구했던 세력들조차 통일에 대한 열망이 강했던 것이다. 물론 그것은 상대방의 제거를 의미하는 것이었다. 이승만의 북진통일론과 김일성의 국토완정론國土完整論[10]이 바로 그런 입장을 대변하는 것이었다. 그로 인해 군사적 충돌이 빈번하게 발생했다. 그러나 전면전은 북한에 의해 시작되었다. 전쟁 준비는 북한이 더 철저했다. 그것이 사실史實이다. 하지만 북한은 이를 공식적으로 부인한다.

한국전쟁은 500만 명이 넘는 사상자와 1천만 명이 넘는 이산가족을 만들어냈다.[11] 전쟁은 민족 내부 전쟁으로 시작되

---

10 국토완정은 북한 정권 수립 다음날인 1948년 9월 10일 김일성이 발표한 '조선민주주의인민공화국 정부의 정강(政綱)'에서 처음 등장하였다. 이후 국토완정은 1949년 신년사를 통해 북한의 통일방안으로 공고화되었으며, 1950년 신년사에서도 역시 강조되었다. 국토완정은 1948~1950년 초를 거치면서 점차 남한에 대한 북한의 무력적인 통일정책의 의미를 나타내기 시작하였다. 이후 김일성은 국토완정을 달성하기 위해 1950년 6월 25일 전쟁을 시작하였다(『한국민족문화대백과사전』, https://encykorea.aks.ac.kr/Article/E0066270).

11 박동찬, 『통계로 보는 한국전쟁』, 국방부 군사편찬연구소(2014)에 따르면 한국군과 유엔군 총사상자 77만 2천여 명, 북한과 중국군 등 1백3만 1천여 명(30쪽), 남한 쪽 민간인 99만여 명, 경찰 1만 7천여 명(251쪽), 북한 쪽 민간인 179만여 명(449쪽) 등인데, 특히 북한과 중국의 경우 발표 내용이 자료마다 다르다 보니 남한측 추정과 많이 다른 것으로 확인된다. 그래서 인적 피해는 대략 450만 명에서 500만 명이 넘는 것으로 추정한다. 그런데 남한 쪽에서 확인된 피난민이 261만 1천여 명이고 직접 전쟁의 피해를 입은 전재민이 남한만 1천18만 명(267쪽)으로 확인되었다고 한다. 소위 1천만 이산가족이라는 말은 그런 배경에서 나온 것이다.

었으나 국제전으로 확대되었다. 세계사적 냉전의 시작과 더불어 진행된 최초의 열전熱戰, hot war으로 기록되었다.

3년 넘게 진행된 한국전쟁은 평화협정 체결에 실패했다. 평화협정을 체결하기까지 전쟁의 일시적 중단을 의미했던 정전협정은 70년 넘게 정전 상태를 지속시키는 규범이 되었다. 그것은 한국전쟁으로 만들어진 질서가 여전히 한반도를 구조적으로 지배하고 있다는 것을 의미한다. 구조이고 굴레이다. 이른바 한반도의 전쟁체제는 미·소 간의 세계사적 냉전이 끝나고, 미·중 간 새로운 냉전의 분위기가 형성되고 있는 지금까지도 소멸하지 않고 지속되고 있다. 북한 핵문제도 그런 한반도 전쟁체제의 산물이다. 남한의 입장에서는 북한 핵문제이겠지만, 북한의 입장에서는 남한과 미국의 군사적 위협에 대한 대응일 것이다. 결국 그것은 한반도 전쟁체제의 문제이고, 북한 핵과 남한에 대한 미국의 핵우산이 충돌하는 한반도 핵문제라고 할 수 있다.

한국전쟁이 만든 구조와 동맹 질서

한국전쟁이 만들어낸 정치 구조는 모든 쟁점을 빨아들였다. 남한은 미국이 주도한 유엔 다국적군의 도움으로 생존했다. 종속적 한·미 동맹은 한국전쟁의 결과물이고, 미·소 냉전 체제의 한반도적 표현인 셈이다. 북한 역시 전쟁 패배의 위기에서 중국 인민지원군의 참전으로 국가적 생존을 확보했다. 북한은 중국과 소련의 긴장 관계를 이용해 북한의 목소리가 상대적으로 큰 동맹 체제를 구축했다. 남한과 북한이 맺고 있는 동맹 체제의 형태와 속성은 다르지만, 그것이 국가적 생존의 버팀목이 되어 온 것도 사실이다. 핵을 먼저 개발해 '자주'를 달성하려 했던 남한은 한·미 동맹의 강력한 규정력 속에서 포기할 수밖에 없었고, 세계사적 냉전이 해체되는 과정에서 동맹 체제의 이완을 겪은 북한은 한·미 동맹에 맞서 핵개발을 통해 생존을 보장받고자 했다.

북한의 특이한 생존력

북한은 조선로동당 주도의 좌파연합 정권에서 김일성 유일 체제로 발전했고, 김정일, 김정은으로 이어지는 3대 세습 체제를 구축했다. 아마도 북한의 김정은 위원장은 죽기 전까지 최고지도자 자리를 계속 유지할 것이다.

그럼 그 이후는 어떻게 될까? 많은 사람들의 예측처럼 백두 혈통에 의한 권력승계가 계속될 가능성이 높다. 그것이 북한의 현실이다. 사회주의를 내세운 사실상 군주국이나 다름없다. 그런 북한의 현실을 남한 사람들은 쉽게 납득할 수 없을 것이다. 그렇다고 남한이 북한을 바꿀 수도 북한을 흡수할 수도 없는 것이 현실이다. 전쟁을 통해 북한을 굴복시키는 것도 불가능하다. 그것은 공멸이자, 세계대전의 시작이 될 가능성이 높기 때문이다. 아마도 북한은 남한이나 미국에 의해 변하는 것이 아니라 북한 스스로에 의해 변화될 수밖에 없을 것이다. 핵무기를 보유한 북한은 미·중 패권 경쟁 속에서도 외압에 의해서는 무너지기 힘든 국가로 자리잡았다. 그것이 현실이다.

남한 정치의 역동성과 구조적 제약

남한은 친일파까지 부활한 상태에서 치열한 좌우 대립, 암살과 폭력의 과정을 거치면서 자유당과 민주당, 그리고 진보당과 혁신계가 경쟁하는 정치 지형을 만들어냈다. 그것은 4·19혁명과 5·16쿠데타를 거치면서 박정희 정권과 신민당, 재야(제도권 밖의 정치세력을 의미)의 정치적 흐름으로 나타났다. 남한의 산업화와 민주화는 북한과 다른 남한 정치의 역동성을 보여주었다.

그러나 남한의 지배적 정당들은 모두 한국전쟁의 질서로부터 자유롭지 못하다. 한·미 동맹의 질서는 70여 년의 정전체제가 내재화된 만큼 남한 사회의 일부가 되었다. 대미 종속을 극복하자는 주장을 할 수는 있어도 한·미 동맹 해체를 주장하기 힘든 것이 현실이다. 그런 쟁점이 부각되는 순간 남북 대결의 현실이 강조되고, 한국전쟁의 질서가 소환될 수밖에 없기 때문이다. 물론 권력으로부터 멀리 있는 군소정당들의 입장에서는 그것과 상관없이 주장하고 행동할 수 있다. 그것은 북한과 다른 남한 정치의 장점이라고 할 수 있다. 그러나 정치권력을 잡고자 하는 정치세력은 그런 구조로부터 자유로울 수 없다.

그것은 북한 문제에서도 동일하게 작용한다. 적대적 대결 구조 하에서 대북 적대를 선동하는 것은 남한 보수정치의 기본이다. 전쟁의 기억만이 아니라 간헐적으로 발생하는 북한의 공격적·적대적 행위는 보수세력의 생존을 뒷받침하는 풍부한 토양이 되고 있다. 한마디로 한반도의 전쟁질서는 6월항쟁이나 박근혜 대통령 탄핵 사태 속에서도 보수세력이 흔들리지 않고 강력하게 존재할 수 있는 구조적 기반이다.[12] 북한의 존재야말로 남한 보수정치의 강력한 존재 근거인 셈이다.

민주당과 진보정치는 적대관계 청산과 평화공존을 추구하지만, 미국과 북한의 태도 변화를 이끌어내지 못할 경우 '힘 없는 이상론자들'로 간주된다. 진보정치의 구조적 제약이 존재한다는 것이다. 그렇지만 다시 전쟁을 해서는 안 된다

---

12 6월항쟁 이후 치러진 1987년 대선에서 노태우 후보와 김종필 후보의 득표율 합은 44.7%, 김영삼 후보와 김대중 후보의 득표율 합은 55.7%였다. 2017년 박근혜 대통령 탄핵 사태 직후 치러진 대통령선거에서도 보수 성향의 홍준표·안철수·유승민 후보의 득표율 합은 52.23%였고, 문재인 후보와 심상정 후보의 득표율 합은 47.25%였다. 여기서 확인되는 보수 후보 득표율이 모두 완강한 보수 지지층이라 할 수는 없지만, 대략 35-40%에 이르는 확고한 보수층이 존재한다는 것만은 분명하다.

는 강력한 평화 지향은 남한의 민주진보세력이 버릴 수 없는 가치이자 대중적 기반이다.

그러나 북한과 미국을 변화시킬 수 있어야만 70여 년이 넘는 전쟁질서를 바꾸어 낼 수 있다는 점에서 그것은 쉽지 않은 구조적 제약이다. 그럴 수 있는 능력을 발휘하지 못한다면 다람쥐 쳇바퀴 돌 듯 반복되는 정치 상황에서 자유로울 수 없다.

남한 정치와 일본 정치의 함수 관계

일본 문제는 남한 정치의 다양성을 만들어 주는 또 하나의 자양분이다. 북한과의 전쟁에서 생존을 위해 만들어낸 것이 한·미 동맹 질서라면, 좌우 이념 대결, 북한과의 대결 과정에서 부활한 것이 친일파이기 때문이다. 남한에서 친일청산이 제대로 이루어질 수 없었던 것도 바로 좌우 이념 갈등과 전쟁 때문이다. 일본이 패전국의 처지에서 벗어나 경제강국으로 발돋움할 수 있었던 것도 한국전쟁과 세계사적 냉전 덕분이다.

그러나 일제강점기는 한국 사람들에게는 치욕스런 기억이다. 일본은 아직 제대로 된 반성도 하지 않았을 뿐만 아니라 여전히 남한을 상대로 '본국 행세'를 하려고 한다. 그럼에도 북한을 적대시하고, 한·미 동맹의 종속성을 생존의 근거로 생각하는 남한 내 보수파들은 그런 일본과의 타협이 반드시 필요하다고 생각한다.

반면 한·미 동맹의 종속성은 어쩔 수 없는 측면이 있다고 보지만, 그렇다고 해서 다시 일본에 종속되는 상황까지 감내해야 한다는 것은 민주적이고 진보적인 한국사람들에게는 참을 수 없는 모욕이다. 바로 이 점이 보수세력에 맞서는 민주진보세력의 또 하나의 자양분이다. 문제는 반일이 아니라, 그것을 넘어서는 존중과 협력의 새로운 질서를 만들어내는 것이다.

아마 일본의 민주진보세력이 식민지배에 대한 철저한 반성과 사과를 바탕으로 한·일 협력을 주장하고 선도할 수 있다면, 한·일 관계는 상상할 수 없는 동력을 확보할 수도 있을 것이다. 한·일 협력으로 미·중 갈등을 중재할 수도 있고, 한반도와 동북아 평화의 새로운 길을 열 수도 있기 때문이다. 하지만 안타깝게도 지금 일본에서는 그런 세력이 강력한 기반을 갖고 존재하지 않는다. 당분간 이루어질 수 없는 꿈인 것이다.

반성하지 않는 일본의 우익이 일본 정치의 주류로 존재하고 있는 상황은 역설적으로 한국의 정치가 극단적인 친미와 친일로 갈 수 없게 하는 현실적 제동장치 역할을 한다. 한국의 민주진보세력만이 아니라 독립운동의 역사와 민주주의를 존중하는 보수세력이 국익과 실리에 바탕을 둔 한·미 동맹, 한·일 협력을 주장할 수 있는 근거가 될 수 있다는 말이다.

물론 윤석열 정부처럼 이를 무시하고 노골적인 친미와 한·일 협력을 주장할 경우, 그에 대한 반발 여론은 거세질 수밖에 없다. 문제는 누가 그 여론을 등에 업을 것인가이다. 민주당이나 진보세력이 자동적으로 그것을 흡수해 나갈 것이라는 사고는 지나치게 안이한 것이다. 혁신보수세력도 그런 여론을 활용할 수 있기 때문이다.

2. 80년대 민주화운동과 진보운동의 재정립
 – 새롭지 않은 새로움, 민주화운동의 성과와 한계

 1980년대 민주화운동을 거치면서 한국의 진보세력은 대중적으로 재탄생한다. 1979년 부마항쟁과 10·26사태는 박정희 정권의 몰락을 가져왔으나, 뒤이어 진행된 1980년 민주화의 봄은 전두환 등 신군부세력의 쿠데타로 짓밟혔다. 그러나 전두환의 5·17 군사쿠데타에 저항한 5·18 광주민주화운동은 민주화를 위한 거스를 수 없는 동력을 만들어냈다. 신군부세력의 대규모 학살 행위로 5·18 광주민주화운동은 좌절되었으나 그 정신과 동력은 사회 곳곳으로 퍼져 나갔던 것이다. 전두환 정권의 엄청난 탄압 속에서도 학생들과 노동자, 시민들의 저항은 계속되었고, 투쟁의 지속과 성공을 위한 고민은 치열한 노선 투쟁과 조직 확대로 이어졌다. 그 결과 양김씨가 주도하는 제도권 야당과는 다른 진보운동의 흐름이 형성되기 시작했다.

 전두환 정권 하에서의 사회 분위기는 암흑 그 자체였다. 지금 젊은 세대들은 이해할 수 없는 시절이다. 대학교 강의실에 사복을 입은 경찰이 들어와 있는 상황을 어떻게 이해할 것인가? 대학교 잔디밭에 사복을 입은 경찰들이 주저앉아서 도시락을 까먹는 일도 비일비재했다. 당시 학생들은 그들을 '짭새'

라고 불렀다. 게다가 경찰과 보안사는 멀쩡한 학생들을 포섭해 '프락치' 활동을 하게 만들었다.

이에 학생들의 저항도 다양한 방식으로 나타났다. 시위와 집회는 일상이었고, 독재타도를 외치면서 옥상에서 뛰어내리는가 하면 온몸에 휘발유를 끼얹고 분신하는 극단적 저항 행위도 나타났다. 강제로 군대에 징집되고, 경찰서와 보안사(국군보안사령부, 현재의 국군방첩사령부), 안기부(국가안전기획부, 현재의 국가정보원)에 끌려가면 고문이 당연하게 뒤따르던 시절이었다.

당시 젊은이들에게 이런 상황은 칠흑 같은 암울, 그 자체였다. 그래서 당시 학생운동에 적극적으로 참여했던 학생들은 그런 상황을 근본적으로 바꾸기 위한 '혁명론', '전략전술론'에 관심이 많았다. 혁명이 상투어가 되고, 혁명 조직(전위조직)이 당연시되던 시절이었다. 혁명의 성격과 전략·전술을 둘러싼 토론은 학생운동, 청년운동, 노동운동만이 아니라 학계와 연구자들에게까지 파급되었다. 이른바 NL과 PD는 그런 분위기에서 등장했다. 군사독재가 만들어낸 최악의 생존 환경은 역설적으로 개개인의 지적 관심과 능력을 특정 방향으로 몰아넣는 역할을 했다. 집단지성이 발휘되기 시작했고, 밤을 지새며 진행된 열띤 토론은 지성의 향연으로 이어졌다. 한편 학생들의 손에는 화염병과 각목, 돌멩이가 자연스럽게 쥐어졌다.

1980년대는 5·18 광주민주화운동이 유혈 진압되고 난 뒤 극한적 상황에서 재야와 학생운동이 성장·발전한 시기였다. 당시 혁명 이론과 노선을 둘러싼 전략 논쟁, 대중투쟁과 슬로건을 둘러싼 전술 논쟁이 치열하게 벌어졌는데, 큰 흐름을 중심으로 개괄적으로 정리해 보기로 한다.

민주화운동청년연합과 민주통일민중운동연합의 출범

1983년 민주화운동청년연합(약칭 : 민청련, 의장 : 김근태)이 창설되면서 학생운동, 노동운동, 농민운동, 문화예술운동 등 각계의 진보운동이 활성화되기 시작했다. 이른바 민청련의 전략 논쟁인 CNP 논쟁[14]과 조직 논쟁인 AB 논쟁[15]은 학생운동, 노동운동

---

13 이 부분은 나의 논문(윤영상, 「인천 5·3민주항쟁의 정치적 성격과 의미」, 『인천 5·3민주항쟁 연구논문집』, 인천민주화운동센터, 2022) 내용을 요약·보완한 것이다.

14 1984년 민청련 내부에서 벌어진 전략 논쟁. C는 민주주의를 중시하는 시민민주혁명 (CDR), N은 반제반파쇼를 강조하는 민족민주혁명(NDR), P는 반독점·계급 문제를 중시하는 민중민주혁명(PDR)을 의미한다. 민청련의 다수가 NDR을 지지한 것으로 알려졌다. 민청련의 전략 논쟁은 곧이어 학생운동으로 확산되었다(편집부, 『학생운동 논쟁사』, 일송정, 1988, 57~65쪽 참조).

15 6·10항쟁 35주년 기념 홈페이지, 「함께 쓰는 6월항쟁」 '2. 개헌정국 투쟁'에서 AB 논쟁에 대해 말하고 있다(http://www.610.or.kr/board/content/page/71/post/74?). A 입장은 선도투쟁론과 기존 민청련 조직을 유지하자는 안이고, B 입장은 대중노선에 근거해 민청련을 해체하고 노동운동 외곽단체로 전환하자는 안인데, 찬반투표 결과 A 입장으로 결정되자 B 입장을 갖고 있는 사람들이 민청련을 탈퇴했다.

등의 전략 논쟁, 조직 노선 논쟁을 촉발시키는 데 기여했다.

민중운동·민주화운동 단체들 간의 연대와 협력을 둘러싼 논란도 본격화되었다. 1984년 6월 민청련 등이 주도하는 민중민주운동협의회(약칭 : 민민협)가 창립되고, 문익환 목사와 장기표 씨 등 명망가들이 중심이 된 민주통일국민회의(약칭 : 국민회의)가 10월에 출범했다. 민민협은 당면 투쟁보다 각 분야의 운동 역량 강화를 추구하는 협의체를 지향했고, 국민회의는 당면 정치투쟁을 중시하면서 공동 행동이 가능한 연합체를 지향했다. 1985년 3월 민민협과 국민회의가 통합해 민주통일민중운동연합(약칭 : 민통련)이 출범했으나, 협의체와 연합체, 민중운동 역량 강화와 당면 정치현안 대응 중 어느 것을 강조하느냐는 입장 차이는 해결되지 못했다. 그 결과 민청련은 민통련 출범 과정에 불참한다.

1985년 5월 미국 문화원 점거농성사건 등 민주화 투쟁이 본격화되자 9월에 민청련, 서울노동운동연합(약칭 : 서노련, 김문수·심상정 등이 주도), 민중불교운동연합(약칭 : 민불련) 등이 민통련에 적극 참여하는 확대·강화가 이루어지면서 민통련은 명실상부한 진보운동의 대표적인 연합단체로 자리잡게 되었다. 그렇지만 민통련 지도부와 민청련 간의 입장 차이는 개헌 문제와 신민당에 대한 태도를 둘러싸고 계속 이어졌다.

학생운동

한국 민주화운동 과정에서 학생운동은 항상 선도부대 역할을 했다. 집회 및 시위와 같은 실천적 측면에서뿐만 아니라 운동 이론과 전략, 조직, 투쟁 노선을 둘러싼 치열한 논쟁 측면에서도 그랬다. 학생운동 선배들의 집단이라 할 수 있는 민청련이 이 과정에서 큰 영향을 미쳤다.

1984년 말~1985년 초 민청련에 이어 학생운동에서도 CNP 논쟁이 벌어지고, 조직실천 논쟁인 깃발-반깃발 논쟁이 본격화되었다. 민주화투쟁위원회MT의 NDR론은 이론 체계가 탄탄한 편이었으나 선도투쟁론적 경향이 강하다 보니 대중투쟁론을 강조하는 MC그룹의 영향력을 압도하지 못했다.[16] 1985년에 건설된 전국학생총연합(약칭 : 전학련)과 투쟁 조직인 민족통일민주쟁취민중해방투쟁위원회(약칭 : 삼민투)는 미문화원 점거농성사건, 민정당 연수원 점거농성사건으로 정국을 뒤흔들었다.

그 과정에서 NDR과 새로 부각된 NLPDR[17]의 논쟁, 선도

---

16 MT는 민주화투쟁위원회의 영문 이니셜이고, MC는 Main Current(주류)의 약어이다. 학생운동 논쟁의 흐름은 1970년대 말~1980년대 초까지의 무림-학림 논쟁, 야비-전망 논쟁, CNP 논쟁, 깃발-반깃발(MT-MC) 논쟁으로 이어진다. 전략 노선, 조직, 실천 노선의 주요 쟁점들을 망라하면서 학생운동, 청년운동, 민중운동의 질적 수준을 높이는 데 기여했다. 자세한 내용은 앞의 책 『학생운동 논쟁사』, 76~84쪽 참조.

17 NLPDR은 민족해방민중민주주의혁명을 전략 노선으로 하는 입장이다. 1985년 이후 학생운동, 노동운동에서 급격하게 확산되어 자민투, 이후 애학투, 전대협으로 이어지는 학생운동의 대표적인 입장이다. 반제투쟁을 중심으로 반파쇼민주화, 조국통일투쟁을 병합하자는 입장에서 대중투쟁을 강조한다. 이른바 80년대 운동

투쟁론과 대중투쟁론 등 조직실천 논쟁이 다시 불거지면서 1986년 삼민투를 대신해 반제반파쇼 민족민주투쟁위원회(약칭 : 민민투)와 반미자주화 반파쇼 민주화투쟁위원회(약칭 : 자민투)가 전면에 등장했다. 5·3인천항쟁이 일어난 1986년 초만 해도 전국적으로 민민투가 주류였고, 자민투는 서울대를 제외하고는 강력한 기반을 확보하지 못하고 있었다. 그렇지만 고려대를 비롯한 일부 대학의 민민투는 내용상 서울대 자민투와 유사한 입장을 가진 것으로 알려졌다.

당시 자민투는 반미투쟁을 강조하면서 민주헌법 쟁취, 직선제 개헌을 주장했고, 민민투는 반제반파쇼 투쟁 속에 헌법제정민중회의 쟁취를 전면에 내세웠다. 5·3항쟁 직전인 4월 28일 서울대 자민투 소속 김세진·이재호 학생이 "양키의 용병교육 전방입소 결사반대", "반전반핵 양키 고 홈"을 외치면서 분신했다. 이런 상황에서 자민투와 민민투는 5·3 인천 집회 총력 동원을 결의한다.

노동운동

1984년에 70년대 노동운동을 대표하던 해고노동자들이 '한국노동자복지협의회'를 결성하고 노동조합 건설 지원 및 노동법 개정운동을 전개한 데 이어, 1985년 2월에는 '인천노

권을 상징하는 NL노선을 말한다. 선도투쟁을 중시하고 반제반파쇼투쟁을 대등하게 강조하는 NDR론과 전략, 조직, 실천 등 주요 운동 노선에서 차별화된다.

동자복지협의회'가 결성되는 등 노동운동이 조직적으로 확대되기 시작했다. 또한 4월 대우자동차 파업, 6월 구로동맹 파업 등 대규모 노동자투쟁을 거치면서 기존 노동운동 조직들과 달리 정치투쟁을 선도적으로 수행하며 한국 사회변혁 운동을 주도하려는 노동자들의 대중적 정치 조직인 서울노동운동연합(약칭 : 서노련)이 8월에 출범했다. 이들은 삼반 세력(독점재벌, 군사독재, 미일외세) 타도, 삼민헌법 쟁취, 생활임금 쟁취, 노동3권 보장 등을 전면에 내걸었다.

이에 부응해 1986년 2월 인천노동자복지협의회가 인천노동3권쟁취위원회와 통합해 인천지역노동자연맹(약칭 : 인노련)으로 전환하고, 서노련과 함께 연대투쟁에 나섰다.[18] 5·3항쟁 직전인 5월 1일 서울 삼환택시 해고노동자 변형진이 "부당해고 반대, 원직 복직"을 요구하다 분신하는 사건이 발생하면서 5·3 인천 집회에 서울과 인천 지역만이 아니라 안양·안산 등의 노동자들까지 총집결하는 분위기가 형성된다.

---

18 인천노동자복지협의회 출범에서 인천지역노동자연맹으로 전환, 5·3항쟁을 준비하는 과정은 다음 자료를 통해 상세히 알 수 있다. 이우재 외 2인, 「지역민주화운동사 편찬을 위한 기초조사연구-인천」, 민주화운동기념사업회, 2005, 100~115쪽.

1986년 5·3인천항쟁

1986년 5·3인천민주항쟁(이하 5·3항쟁)은 진보운동단체 구성원 약 1만 명과 일반시민 4만여 명이 참가한, 5·18광주민주화운동 이후 수도권에서 벌어진 최대 규모 시위였다. 그러나 5·3항쟁 현장에서는 재야민중운동의 구심력 부재가 눈앞의 현실로 드러났다.

당시 양김씨는 민통련 등과 민주화를 위한 국민연락기구(약칭: 민국련)을 결성했는데, 그 민국련을 이용해 재야 진보진영과 거리두기를 시도했다. 그 배경에는 미국과의 관계, 전두환 정권과의 타협이라는 맥락이 자리하고 있었다. 심지어 신민당의 이민우 총재는 학생운동에 대한 탄압을 용인하는 듯한 발언도 서슴지 않았다. 미국의 압력 하에 양김씨와 전두환 정부의 타협 가능성이 부각되자, 진보운동진영은 격렬하게 반발할 수밖에 없었다. 바로 그런 상황에서 5·3 인천민주항쟁이 발생한 것이었다.

양김씨에게 농락당한 민통련에 대한 비판이 거세졌다. 민청련은 민통련과 진보운동진영을 조율할 수 있는 위치에 있었지만 조율 능력을 상실했다. 새로 등장하고 있던 NL과 CA, PD, 삼민 노선에 기반한 서노련과 인노련, 그리고 민통련과 민청련은 각자의 주장을 드러내기에 바빴다. 현수막과 피켓, 유인물에는 서로 다른 주장과 구호가 넘쳐났다.

그러나 표현의 차이에도 불구하고 공통된 내용이 있었다. 다름 아닌 광주학살 진상규명, 전두환 정권 타도, 독재 지원 미국 반대, 기회주의 신민당 비판, 민주헌법 쟁취 등이었다.

사실 5·3인천민주항쟁은 긍정적인 평가보다는 부정적인 평가가 더 많은 것으로 인식되어 왔다. 민주항쟁, 6월항쟁의 도화선, 반제반파쇼투쟁으로의 질적 전환을 보여주었다는 긍정적 평가도 있지만, 분파주의, 관념적 급진성, 비대중성 등 당시 운동권의 고질적인 난맥상이 그대로 노출되었다는 비판적 평가가 많았던 것이다. 5·3항쟁의 정치적 성격과 의미는 36년이 지난 오늘날에도 여전히 논란의 대상이다.

그러나 5·3항쟁에서 나타난 격렬한 신민당 비판과 미국 반대의 목소리는 신민당과 미국의 태도를 변화시키기에 충분했다. 독재정권의 탄압과 분할지배 전략도 먹혀들지 않았다. 대중들의 분노가 확산되면서, 6월항쟁으로 이어지는 거역할 수 없는 반독재투쟁의 흐름이 만들어지고 있었다.

5·3항쟁은 진보진영이 신민당과 구별되는 독자적 존재임을 드러냈으나, 정치적 실체가 없다는 것도 보여주었다. 5·3 항쟁 이후 진보진영의 권위 있는 정치적 구심이 만들어지고 야당과의 민주대연합이 성사되었다면 어떤 일이 벌어졌을까? 역사에서 가정은 없다지만, 아마도 그랬다면 87년 6월항쟁 이후의 정치적 판도가 근본적으로 달라졌을 수 있다. 사실 한국 진보정치운동의 가장 심각한 문제점은 바로 민주대연합과

정치적 독자성을 효과적으로 결합시키지 못한 것이라고 할 수 있다. 민주대연합을 부정하고 독자성만 강조하는 것도, 민주대연합을 위해 독자성을 부정하는 것도 정치적으로는 심각한 문제를 낳았다.

그러나 진보운동진영의 정치적 구심은 만들어지지 않았고, 민주대연합을 위한 공동투쟁기구인 '민주헌법쟁취국민운동본부'만 만들어져 항쟁을 주도하게 되었다. 절반의 성과였다.

3. 1987년 6월항쟁과 진보진영의 분열

6월항쟁

1987년 6월항쟁은 3·1운동, 6·10만세운동, 4·19혁명, 5·18 광주민주화운동으로 이어지는 우리나라 저항운동의 역사에서 또 하나의 신기원이 된 사건이라 할 수 있다.

6월항쟁은 1987년 1월 14일 박종철군 고문치사사건과 전두환 정권의 4·13 호헌 조치에 대한 국민적 분노와 비판이 들불처럼 타오르면서 시작되었다. 5월 18일 박종철군 고문치사 및 조작 사건의 진상이 폭로된 이후 '호헌철폐 독재타도' 구호는 거의 매일 전국의 주요 도시를 뒤흔들었고, 연인원 1천만명 이상이 20일 넘게 거리로 쏟아져 나오면서 전두환 정권의 굴복을 이끌어냈다. 당시 시위를 주도했던 야권, 종교계, 재야인사의 공동투쟁기구가 바로 '민주헌법쟁취국민운동본부(약칭 : 국본)'이다. 그렇지만 항쟁의 주역은 시민들 자신이었다. 국본은 길을 열어 주는 역할만 했을 뿐이다.

당시 민정당 대표였던 노태우가 발표한 6·29선언은 그런 국민적 항쟁에 전두환 정권이 굴복한 것이었다. 독재정권은 폭발적인 국민의 열기를 감당할 자신이 없었고, 미국을 비롯한 국제사회의 압력도 컸다. 그러나 노태우가 6·29선언을 발표하고, 여야 합의로 직선제 개헌을 추진한 것에서 알 수 있듯이, 독재정권의 전략가들은 노태우를 앞세워 6월항쟁의 과실이 양김씨나 진보진영에 넘어가는 것을 차단하려 했다. 김영삼과 김대중 양김씨의 분열, 여론의 불길이 잦아드는 상황을 이용한다면 선거에서 승리할 가능성이 있다는 정치적 계산을 했던 것으로 알려졌다. 그들은 북한을 이용한 심리전도 계획했다. 그렇게 본다면 노태우의 6·29선언은 국민적 항쟁으로 쟁취한 것이지만, 동시에 독재정권의 전략적 각본에 따른 것이기도 했다.

6·29선언 이후 모든 정치세력은 직선제 개헌 협상과 더불어 대선 준비에 돌입했다. 가장 준비가 안 된 세력이 바로 진보진영이었다. 진보운동세력은 독자적인 정치적 구심을 만들어내지 못했다. 민통련과 민청련, 학생운동을 비롯해 각계각층의 재야인사들과 진보운동세력은 누구보다도 앞장서서 투쟁했음에도 불구하고, 항쟁 이후의 미래를 정치적으로 준비하지 못했다.

반면 가장 잘 준비된 세력은 전두환 정권과 노태우였다. 그 다음으로 양김씨, 그리고 김종필이라고 할 수 있다. 그 결과 이른바 '1노3김'의 정치판이 시작되었다. 6월항쟁의 주역들은 양김씨가 단결한다면 군사정권을 청산하고 새로운 민주 시대를 열 수 있으리라고 생각했다. 새로운 미래는 바로 눈앞에 청사진으로 펼쳐졌다. 그러기 위해서는 양김씨의 단일화가 반드시 필요했다. 그러나 단일화를 강제할 정치적 힘은 존재하지 않았고, 양김씨는 스스로 양보할 생각이 없었다. 양김씨의 경쟁은 피할 수 없는 현실이 되었다. 독재정권의 대리인 노태우 후보가 당선될 수 있는 유일한 상황이 만들어진 것이다. 4자 경쟁 속에서도 당선 가능성을 점쳤던 양김씨는 사실상 2등 싸움을 한 것에 지나지 않았다.

만약 진보운동세력이 독자적인 정치적 구심을 확보하고 있었다면 1노3김의 정치판을 근본적으로 뒤흔들었을 것이다. 그러나 그렇지 못했기 때문에 거꾸로 1노3김의 정치판, 더 구체적으로는 양김씨의 정치 경쟁 구도 속으로 빨려들어갈 수밖에 없었다. 그런 점에서 6월항쟁은 역사적 한계 속에 갇힐 수밖에 없는 운명이었다. 마치 1945년 일제로부터의 해방을 스스로 쟁취하지 못한 결과, 미·소 강대국의 영향력을 극복하지 못하고 분단과 전쟁의 길을 가게 되었던 역사가 또 다른 모습으로 재현된 것이나 다름없었다.

1987년 대선과 후보단일화 논란

1987년 대선은 적어도 정치권력의 변화라는 측면에서만 본다면 평화혁명의 정점이라고 할 수 있다. 6월항쟁을 통해 전두환 군사독재정권이 대통령 직선제를 포함한 시민들의 민주적 개헌 요구를 수용했고, 군부세력의 노태우 후보와 민주화운동을 대변하는 단일 후보가 선거를 통해 경쟁하면 너무도 당연히 민주화운동의 대변자가 대통령으로 당선될 수밖에 없는 상황이었기 때문이다. 그것이 당연한 시대의 흐름이었다.

그러나 현실은 그렇지 않았다. 김대중과 김영삼으로 대표되는 야당의 대선 후보들은 단일화의 대의를 인정했지만 자신들의 이익과 욕망을 버리지 못했다.

전두환 정권과 보수 언론은 양김씨를 부추기는 여론을 형성하기 위해 노력했다. 양김씨는 다양한 방법으로 단일화를 모색하고 추진했지만, 끝내 자신들의 이익과 욕망을 버리지 못하고 4자 대결을 기정사실화했다. 여기서 그 주된 책임이 김영삼에게 있느냐, 김대중에게 있느냐는 부차적인 문제다.[19] 둘 다 시민들의 열망을 수용하지 않았고, 그 결과 민주화의 성과를 군사쿠데타의 주역인 노태우에게 갖다 바치는 결과를 초래했기 때문이다. 그것은 민주화 과정이 철저한 독재청산으로 이어지지 못하고, 박정희 정권이 만든 지역감정을 민주화운동의 대표주자였던 양김씨가 재생산함으로써 망국적인 지역

---

19 양김씨는 모두 민주화가 된다면 자기가 먼저 양보하겠다고 주장했다. 그러나 민주화가 되고 난 뒤에는 상대방의 양보를 주장했다. 당권·대권의 분리 논의가 진행되었지만 누가 대권을 잡느냐의 문제는 끝내 해결되지 않았다. 사실 당권·대권의 분리를 처음 제기한 쪽은 김영삼이었으나 마지막 순간 김대중이 수용하면서 대권을 양보하려 할 때, 그것을 받아들이지 않은 것은 김영삼이었다. 그래서 김영삼의 책임이 더 크다는 주장도 있다. 그렇게 볼 수 있다. 그러나 그것은 마지막 상황만을 놓고 본 것이다. 후보단일화 논의 과정에서 김대중의 책임 역시 작지 않다. 4자필승론은 김대중 쪽에서 먼저 나왔기 때문이다. 따라서 양김의 책임 차이를 논하는 것은 본질적인 문제가 아니다.

분할 구도를 지금까지 존치시킨 원인이라고 할 수도 있다.

중요한 것은 이 과정에서 이른바 진보세력이 제 역할을 하지 못하고 분열되었다는 사실이다. 후보단일화, 비판적 지지, 독자후보론은 바로 그런 진보진영의 분열을 상징하는 것이다. 1986년 5·3인천민주항쟁 이후 진보진영의 분열이 지속되면서, 87년 대선에서의 분열은 이미 예고된 것이었다. 그야말로 모두의 책임이었다.

그렇지만 분열을 공식화한 것은 민통련이었다. 민통련은 10월 10일 김영삼의 대통령 출마 선언, 10월 11일 김대중의 출마 선언 직후인 10월 12일 김대중에 대한 비판적 지지 입장을 결의했다. 단일화가 어려운 상황에서 진보진영의 힘을 모아 상대적으로 진보적인 김대중 후보를 지지해서 당선시키자는 것이었다. 그들은 민중운동의 독자적 정치세력화가 궁극 목표임을 부정하지 않았으나, 현실적으로 불가능한 상황인 만큼 김대중 후보에 대한 비판적 지지를 통해 그 목표를 달성하자고 제안한 것이었다.

그러나 그것은 진보진영의 통일된 의견이 아니었고, 분열을 가속화·현실화하는 결정이었다. 특히 전대협은 비판적 지지가 아닌 전폭적 지지를 선언함으로써 '비판'의 의미마저 희석시켜 버렸다.

후보단일화론은 사실 진보진영이 분열되기 전 공식 입장이었다. 그러나 민통련의 비판적 지지 선언이 있자, 그에 반발한

민통련 가맹단체들과 학생운동, 노동운동, 농민운동, 빈민운동 관련 단체들이 연합해서 '군정종식 단일화쟁취 국민협의회(약칭 : 국협)'을 결성했다.[20] 국협은 단일화 추진에 동의하는 수도권 학생운동과 노동운동 세력을 결합시켜 양김씨 집 앞 농성, 양 당사 농성, 양 총재 면담 등을 요구하며 단일화를 압박했다. 국협은 이후 단일화 기본 원칙을 발표하고, 중재위를 구성해 양당 부총재들과 협의하면서 중재안을 제시했지만, 끝내 성사되지 못했다.

독자후보론은 민통련 및 재야인사들 사이에서 진보운동의 독자성을 강조하는 사람들과 학생운동과 노동운동의 범CA 그룹, 그리고 독자성을 바탕으로 단일화를 추구하던 인천지역민주노동자연맹(PD 계열) 등이 연합해서 제안한 것이었다. 독자후보론을 주장했던 사람들은 독자후보 출마, 진보정당의 필요성에 대해서는 공감했으나 정세 인식과 당면 투쟁에서는 많은 차이가 있었다.[21]

---

20 단일화 추진 13개 단체 : 국본노동자위원회, 국본부천지부, 노동자선대위, 서울지역청년학도비상협의회, EYC, 구청협, 기독교도시빈민선교협의회, 천주교도시빈민사목협의회, 전국대학원생연합회, 전국농민협회, 서울민통련, 가톨릭농민회, 인천해고노동자협의회

21 예컨대 CA 계열은 임시혁명정부와 민중민주공화국 수립을 내걸었으나 인민노련은 사퇴 가능한 독자후보론을 바탕으로 민주연립정부를 추진하자는 입장이었다. CA가 최대 강령적 입장을 강조했다면, 인민노련은 실현 가능한 독자후보론을 주장한 셈이다.

독자후보론은 처음에는 호응을 그다지 얻지 못했으나 진보 진영을 분열시켰다는 비판적 지지론에 대한 비판이 확대되고, 후보단일화를 추진하는 국협의 상층압박론의 한계가 본격적으로 드러나면서 대중과 언론의 주목을 받기 시작했다. 비판적 지지와 후보단일화에 참여했던 학생운동 세력의 상당수가 이탈해 독자후보론에 합류하고, 양김씨의 분열에 실망한 대중들도 적극 참여했다. 12월 6일 대학로 집회는 그 정점이었다. 그러나 독자후보를 통한 단일화 압박이 실패로 돌아가면서 끝까지 출마를 고수할 것인가, 단일화를 촉구하면서 사퇴할 것인가를 둘러싼 논쟁이 벌어졌고, 결국 백기완 후보는 후보단일화를 촉구하면서 사퇴했다.

선거 결과가 말해 주는 것

당시 국민 대다수는 선거를 통한 평화혁명을 당연한 현실로 받아들였다. 아마 후보단일화가 이루어졌다면 여론조작이나 투표 방해 행위가 있었더라도 양김씨 중 한 사람이 대통령이 되었을 것이다. 그리고 그만큼 철저한 독재청산이 이루어졌을 것이다. 그러나 현실은 그렇지 못했다.

투표 결과는 이를 확인해 준다. 노태우 36.64%, 김영삼 28.03%, 김대중 27.04%, 김종필 8.06%. 양김씨 지지 세력을 합하면 55.07%다. 아마 양김씨의 분열에 실망한 사람들의 투표를 고려한다면 더 많은 사람들이 단일후보를 지지했을 것이다.

그 당연한 현실을 외면한 것은 바로 양김씨였고, 진보진영은 그들 앞에서 세 조각 났다. 그게 87년 체제의 본질이다. 그책임을 양김씨에게만 돌려서는 안 된다. 김영삼의 책임이 더크냐, 김대중의 책임이 더 크냐는 식의 접근은 도토리 키재기이다. 중요한 것은 두 사람에게 역사적 책임을 물어야 하고, 그것은 이후 역사에서도 교훈으로 남겨야 한다는 것이다. 그리고 바로 그 점에서 세 조각 난 진보진영도 책임을 통감해야한다.

결국 위기의 순간에 승리한 것은 군부세력이었다. 그들은선거를 통해 재집권하는 보기 드문 역사적 성과를 거두었다.노도와 같았던 6월항쟁의 와중에서도 그들은 36.64%라는지지세력을 결집시킬 수 있었다. 또 다른 독재의 후예인 김종필의 표까지 합치면 44.7%다. 냉정하게 받아들여야 하는 무서운 현실이 아닐 수 없다.

그들을 바꾸어 내는 것이야말로 진정한 혁명이 아니던가?그런 의미에서 양김씨의 후보단일화가 중요했던 것이다. 앞으로 미래의 어떤 시기에 그와 유사한 상황이 발생했을 때우리는 또 이런 과오를 되풀이할 수밖에 없을 것인가? 해방직후 분열을 극복하지 못해 분단과 전쟁으로 이어진 전철을우리는 1987년에 유사하게 경험한 것이다. 미래에도 그와 같은 일이 반복되지 않는다고 누가 장담할 것인가?

그럼에도 불구하고 그 모든 정치인들조차 함부로 할 수 없었던 것은 바로 민심이었다. 양김씨가 분열하고 군사쿠데타를 주도했던 세력이 다시 집권했지만, 5공 청문회는 개최될 수밖에 없었고, 전두환과 노태우는 감옥에 갈 수밖에 없었다. 그리고 5·18은 민주화운동으로 재평가될 수밖에 없었다.

4. 1987년 7·8월 노동자 대투쟁
– 노동운동의 발전과 진보운동의 새로운 동력 형성

6월항쟁이 승리하면서 주요 민주화운동세력과 정치권은 헌법 개정 및 대선 준비에 들어갔다. 그리고 상당수의 재야민주화운동단체들도 저마다의 대선 참가를 준비했다. 국면 전환이 이루어진 것이다. 그런데 색다르게 국면 전환을 이루어낸 사람들이 있었다. 바로 노동자들이다. 1987년 노동자 대투쟁은 한국 진보운동의 새로운 역사를 쓴 것이었다.

당시 7월부터 9월까지 3,458건의 투쟁이 일어났다. 1961년 박정희 정권 때부터 무려 25년 동안 발생한 노사분쟁 건수보다 더 많은 투쟁이 벌어진 것이다. 하루 평균 30건이 넘는다. 노동자 대투쟁의 정점은 8월 중순이었는데, 이때는 하루 평균 83건의 투쟁이 일어났다. 참가 인원은 122만 명을 넘어, 10인 이상 사업체 노동자 총 333만 명의 약 37%에 이른다. 업종별로는 제조업이 1,827건(55.2%), 운수업이 1,265건(38.2%), 광업이 127건(3.8%)이었다.[22]

사실 노동자 대투쟁은 70~80년대 지속되었던 노동운동 발전의 연장선상에 있는 것이었지만, 의식적·계획적 투쟁이

---

22 사회진보연대, 『사회운동』 2007. 7-8월호; 노중기, 「1987년 노동자 대투쟁과 노동운동의 미래」, 『민주사회와 정책연구』(2008).

중심이 된 결과물은 아니었다. 6월항쟁으로 이룬 민주화의 성과가 노동자들의 억압된 불만의 표출로 나타난 것이다. 자연발생적 투쟁이다 보니 지도력도 약했고, 즉각적인 조직 역량 결집으로 이어진 것도 아니었다. 투쟁도 고립·분산적이었으며, 연대투쟁이나 공동투쟁이 폭넓게 확대된 것도 아니었다.

그러나 6월항쟁을 거치며 생겨난 노동자들 사이에서의 심리적 공감과 연대는 직접적인 연대투쟁의 범위를 넘어 전국적으로 확산되었다. 그것은 한국 사회에서 노동자가 정치와 사회의 주요 주체로 등장했음을 알리는 신호탄이었다.

또한 1987년에 일어난 7·8월 노동자 대투쟁은 본격적인 노동운동의 시작을 알리는 것이었다. 1987년부터 1989년까지 노동자들의 투쟁이 마치 봇물 터지듯 계속되었기 때문이다. 1987년 6월 말 기준 노동조합은 2,742개, 조합원수는 105만 명, 조직률은 15.7%였다. 그런데 7·8월 노동자 대투쟁 이후 노조 확대 과정이 정점에 이르렀던 1989년에는 노동조합 7,883개, 조합원수 193만 명, 조직률은 19.8%로 크게 늘어났다.[23]

이러한 성과를 바탕으로 1990년 1월 전국노동조합협의회(약칭 : 전노협, 위원장 : 단병호)가 출범하고, 5월 전국업종노동조합회의(약칭 : 업종회의, 의장 : 권영길)가 만들어졌다. 1995년 11월에 창립된 전국민주노동조합총연맹(약칭 : 민주노총)의 기틀이 마련

---

23 「87년 노동자 대투쟁 20년과 노동운동 과제」, 『노동사회』(2013).
http://klsi.org/bbs/board.php?bo_table=B07&wr_id=1377

된 것이다. 바야흐로 한국 노동운동의 새로운 역사가 씌어진 것이다.

6월항쟁에 뒤이은 노동자 대투쟁은 한국 진보운동의 역사에서 노동운동의 영향력을 급속도로 확대시켰다. 그것은 단지 노동조합의 양적 증대에만 머무르지 않았다. 노동자들의 권리와 복지를 확대하고 제도화하려는 노력이 본격화되면서 노동자들의 정치세력화가 진보운동의 정치적 영향력 확대와 실질적으로 결합되었다. 전두환 정권 하에서 본격화된 '혁명운동'에서 '혁명의 논리적 주력군'이었던 노동자계급이 현실의 진보정치에서 실질적 주역으로 발돋움하기 시작한 것이다.

무엇보다 1987년 이후 본격화되고 있던 진보진영의 독자후보 출마, 독자정당 흐름에 새롭고도 강력한 동력이 만들어지게 되었다. 그 결과 1997년 대선에서 민주노총 위원장 출신 권영길 후보가 국민승리21의 대선 후보로 등장하게 되었고, 2000년에는 민주노총의 조직적 지원 아래 민주노동당이 창당되었다. 물론 여기에는 진보정당추진위원회-진보정치연합으로 이어지는 진보진영의 독자정당 추진 흐름이 그동안 노력해 왔던 성과들도 자리하고 있지만, 민주노총의 조직적 지원과 결합이 없었다면 상상할 수 없는 일이었다.

1987년 7·8월 노동자 대투쟁은 전노협, 업종회의, 민주노총으로 이어지는 새로운 노동운동의 흐름을 만들어냈지만, 동시에 기존에 존재하고 있었던 노동조합을 대대적으로 혁신하는 계기로 작용하기도 했다. 1948년 결성되었던 한국노총도 변화하기 시작했다. 한때 한국노총은 어용노조, 반공노조의 상징이었다. 좌파노조를 때려잡는 관변노조로 평가되기도 했다.

그러나 민주화의 진전, 새로운 민주노조의 출범 상황은 한국노총도 변화하도록 만들었다. 한국노총의 민주화를 위한 노력이 다양한 방식으로 전개되었다. 여전히 보수적 성향을 보이는 노조들도 있었지만, 한국노총에 가입한 다수의 노조들도 혁신과 민주화의 길을 추구하지 않을 수 없었다. 그렇지 않으면 생존할 수 없었기 때문이다. 노동자들의 자연발생적 투쟁이 새로운 민주노조 운동과 기존 노조의 혁신과 민주화로 이어졌다는 사실을 기억해야 하는 이유이다. 바야흐로 양대 노조 운동의 경쟁이 노동조합 운동의 성장과 발전만이 아니라 노동운동의 정치세력화에도 영향을 미치는 새로운 국면이 시작된 것이다.

민주노총만이 아니라 한국노총도 정치적 영향력을 확대하기 위해 노력했다. 1987년 이후 한국노총은 노동운동가 개인이나 산하 노조의 성향에 따라 보수정당에 참여하기도 하고, 민주당 계열에 참여하기도 했다. 그런가 하면 금융노조 등 한국노총의 혁신을 강력하게 주장했던 사람들은 민주노동당에 참여하기도 했다. 그 과정에서 한국노총도 기존 정당을 통한 정치세력화의 한계를 절감하면서 민주노총 못지않게 독자적 정치세력화의 길을 모색했다. 민주노총의 적극적 참여에 근거해 민주노동당이 만들어졌던 것과 유사하게, 1990년대 말~2000년대 초 한국노총의 주도로 사회민주당을 창당해 정치세력화를 도모한 것이다. 그러나 사회민주당은 참담하게 실패하고 만다.

결국 한국노총은 독자 정당을 창당하기보다 기존 정당들과의 협력을 통한 정치세력화에 초점을 두기 시작했다. 그것은 민주당과 한국노총의 적극적 결합으로 나타났다. 민주노동당과 민주노총의 조직적 결합이 한국노총과 민주당의 적극적 결합을 자극했던 측면도 있을 것이다.

5. 한국 정치권의 재편 : 보수대연합과 중도대통합, 그리고 진보세력의 분열

1987년 6월항쟁과 헌법 개정, 그리고 대선 결과는 한국 정치권의 재편으로 이어졌다. 민주화운동진영의 분열로 쿠데타의 주역인 노태우 후보가 대통령이 되었으나, 독재 청산 및 민주질서 정착에 대한 국민적 요구가 사라진 것은 아니었기 때문이다. 물론 이와 같은 국민적 요구는 표를 얻고자 하는 정치인들의 권력욕과 상호작용하면서 기성 정치권의 재편으로 가시화되고, 진보정치세력 역시 정치적 생존을 위한 모색에 나서지 않을 수 없었다.

보수정치세력의 재편 : 3당합당과 민자당 출범

1990년 1월 22일 전격 발표한 노태우의 민주정의당, 김영삼의 통일민주당, 김종필의 신민주공화당의 합당은 한국 보수정치의 혁신과 전환의 상징이다. 권력을 위한 야합이지만, 정치적 혁신을 동반하는 모습을 띠고 있었기에 보수의 혁신적 재구성을 의미했다. 김영삼 뒤를 따라 이기택·이명박 등 4·19세대가 합류했고, 진보 성향의 민중당을 주도했던 이우재·이재오·장기표 등도 합류했다. 그 결과 80년대 민주화운동세력 가운데 민주당 내에서의 경쟁에서 밀려난 사람들이나 이념적으로 좌파와 결별한 사람들이 보수정당인 민주자유당과 그것을 계승한 정당에 자연스럽게 합류할 수 있게 되었다.

역사를 살펴보면 권력의 향배에 가장 민감하게 반응한 것은 보수세력이었다. 남북이 분단된 뒤 남한 사회의 정치권력은 항상 자신들의 것이라고 생각했기에, 정치권력이 불안해지거나 빼앗겼을 경우 참아내기 힘들었기 때문이다. 그래서 그들은 민심의 향배를 주시하면서 자신들이 다시 권력을 잡을 수 있는 방법을 치밀하게 계산하고 실행했다.

그들은 한때 자기들의 적이었던 김영삼을 받아들였다. 김영삼도 세 번의 패배를 견디기 힘들었다. 1972년 김대중, 1987년 노태우에게 패배한 그는 마침내 승리의 공식을 찾았다. 3당합당이 바로 그것이다. 김대중과 민주당, 진보세력에게 그것은 청천벽력처럼 보이는 야합이지만, 김영삼에게는 가장 확실한 선택이었다. 그리고 노태우의 민주정의당으로서는 정치권력을 계속 유지할 수 있는 방법이었다. 그 결과 그들은 성공했다.

그렇게 해서 탄생한 민주자유당은 친일·친독재세력과 수구냉전세력, 독립운동과 민주화운동을 했던 보수세력이 연합한 정당이었다. 한마디로 보수가 총결집한 당이었다. 그것을 가능케 한 것은 김대중 후보의 집권에 대한 두려움과 공포 때문이었다. 어쨌거나 민주자유당의 출현은 한국 정치사에서 보수세력의 획기적 재편을 상징하는 대표적인 사례이다. 그 결과 김영삼 정부가 출범했고, 이후 이명박 정부, 박근혜 정부가 등장한 것도 그 위에서 가능했기 때문이다.

여기서 중요한 사실은 이로 인해 한국의 보수정치세력 내에서 중요한 논쟁과 세력경쟁의 한 장이 열렸다는 것이다. 다름아닌 친독재세력과 민주화를 인정하는 보수세력 간의 논쟁과 갈등이다. 그것은 국내 정치 쟁점들만이 아니라 한·미 동맹 강화, 남북 관계 및 한·일 관계 재정립 방안 등에 대한 치열한 토론으로 확대된다. 이는 문재인 정부 이후 생산적 논쟁보다는 비생산적 계파 싸움에 몰두하고 있는 민주당과 비교된다. 지난 대선에서도 국민의힘 내에서는 혁신 논쟁이 벌어졌고, 윤석열 후보는 이를 어떤 식으로든 수용하지 않을 수 없었다.

민주당의 재구성 : 김대중의 집권과 민주당의 확대재편

1970년대부터 한국 야당사를 주도해 왔던 양김씨의 시대는 새로운 전환점을 만들어냈다. 김영삼은 수구냉전세력과 연합해서 보수의 핵심이 되었고, 김대중은 자신을 중심으로 민주당의 역사를 재구성했다. 민주당 안에도 여전히 보수적인 세력이 존재했지만, 그들은 김대중과 함께했거나 김영삼을 도저히 따라갈 수 없었던 사람들이었다.

1991년 4월 민주자유당이 보수대연합당으로 출범한 지 1년 3개월 만에 김대중의 평화민주당은 재야의 비판적 지지 세력과 연합해서 신민주연합당을 만들었다. 1차 재구성이었다. 이어 9월에는 김영삼과 분리된 통일민주당계를 끌어안으면서 통합민주당을 창당, 2차 재구성을 마쳤다. 김대중 중심으로 전통 야당이었던 민주당의 질서가 재구축된 것이다. 해방 직후 만들어진 한민당과 1955년 신익희의 민주당을 거쳐 1970년대 신민당으로 이어졌던 민주당의 역사가 새로운 전환점에 들어선 것이다.

물론 민주당은 1997년 대선을 앞두고 김대중의 출마를 둘러싸고 다시 분당과 통합을 되풀이한다. 그러나 김대중의 대중적 기반이 강력한 데다 그의 선거 전략이 먹혀들어 대통령에 당선되면서 김대중 중심의 민주당 계열의 재편은 계속된다. 그의 선거 전략인 DJP연합은 민자당의 출현에 뒤이은 야합의 사례로 평가받기도 하고, 분단과 전쟁의 역사 속에서 형성된 강력한 보수세력을 균열시키기 위한 절묘한 카드로 평가받기도 한다.

김대중과 이회창 후보의 표 차이가 39만여 표였고, 3위였던 이인제 후보가 492만여 표, 4위였던 권영길 후보가 31만여 표를 얻었던 결과를 고려한다면 중도보수 성향인 이인제 후보의 완주가 김대중 대통령 당선의 결정적 요인이었다고 할 수도 있다. 새정치국민회의는 이후 김대중 후보의 당선을 도

왔던 재야 인사들과 이인제의 국민신당을 포함한 보수 인사들과의 결합을 통해 1999년 새천년민주당으로 재창당했다. 이만섭 등 보수 정치인과 동교동계 그리고 김근태 등 재야의 비판적 지지 그룹 등이 하나의 정당 안에서 공존하게 된 것이다. 당시 언론들은 이를 중도통합정당이라고 규정했다. 보수대연합으로 탄생한 한나라당에 맞먹는 대규모 중도통합정당이라고 할 수 있다. 이인영·우상호·임종석·송영길 등 386세대 선배그룹도 이때 민주당에 참여했다. 그리고 2000년 국회의원 선거에서 한나라당은 133석, 민주당은 115석을 차지하면서 양당제 질서가 구축된다.

진보정치의 독자성을 둘러싼 논란 : 민주연합론과 독자정당론

야권 분열로 쿠데타의 주역인 노태우 후보가 국민 직접선거를 통해 대통령에 당선되자, 이런 흐름은 독자적인 진보정당 건설에 대한 찬반 논쟁으로 발전했다. 1988년 민중의당과 한겨레민주당의 창당을 둘러싼 논란, 1990년 민중당 창당을 전후로 한 복잡한 논쟁들이 바로 그것이다. 그 과정에서 독자정당, 합법정당, 진보정당이라는 말이 뒤섞여 사용되면서 '진보'라는 말도 자주 쓰이기 시작했다.

사실 민주연합론과 독자정당론 사이에는 견해 차이가 크지만 진보정치나 진보정당에 대한 개념적 인식은 유사했다. 이

때의 진보정치는 양김에 대한 비판적 입장, 국가보안법 철폐와 같은 철저한 민주개혁, 노동자·농민 등 기층민중의 삶 중시, 자주와 평화에 기초한 통일 강조 등을 의미했고, 진보정당은 양김의 정당과 구별되는 독자적인 합법정당을 의미하는 것이었다.

1992년 대선은 김영삼과 김대중의 양강 구도로 치러졌다. 3당합당을 통해 민주자유당을 창당하고 보수연합세력의 대표주자가 된 김영삼 후보의 당선 가능성이 높은 상황에서 김대중 후보로의 총결집론이 진보진영을 중심으로 확산되었다. 보수대연합에 맞서는 민주대연합론이었다.

그러나 옷을 갈아입은 양김씨의 대결 구도에 휘말리기보다 진보진영의 독자세력화를 통해 진보적 가치와 정책들을 전면에 내걸자는 주장도 강하게 제기되었다. 진보정당추진위원회, 사회당추진위원회, 민중회의준비위원회, 전국노동단체연합 등 독자적인 진보정당을 추진하는 세력들은 백기완 후보를 앞세워 결집했다. 1987년 대선의 비판적 지지론과 독자후보론이 진보진영의 정치적 선택을 놓고 정면충돌한 것이다.

이러한 상황은 1997년 대선을 앞두고도 되풀이된다. 민주연합론과 독자후보(정당)론이 선명하게 대립한 것이다. 과거와 달리 이때는 1996년 출범한 민주노총과 전국연합 일부 세력의 적극적 참여로 독자적 진보정당론의 대중적 기반과 외연이 확대되었다. 물론 권영길 후보의 '국민승리21'에 참여했다가 김대중 후보 지지로 돌아선 사람들도 상당수 있지만, 전통적인 민주연합론과 독자정당론의 흐름이 뒤섞이는 상황이 만들어진 것만은 분명하다. 민주노총의 출범과 전국연합 내의 치열한 논란이 이를 반증한다.

이른바 80년대 NL-PD 논쟁은 진보정당 찬반 논쟁으로 이어졌다. 물론 NL 계열 내에서도 독자세력화에 대한 고민은 많았다. 단지 그 방법이 민주당 내 진보 블록이냐, 아니면 독자정당이냐였을 뿐이다. 당시 주류였던 민주연합론은 민주당 내 진보 블록을 겨냥한 표현이라 할 수 있다. 그렇지만 김대중 후보를 보수적 자유주의자, 또는 자유주의 개혁세력으로 인식하고 있었다는 점에서는 큰 차이가 없었다.[24]

문제는 김대중 후보와의 연합을 통해 진보정치세력의 성장을 도모할 것인가, 아니면 이와 별도로 독자적인 성장 전략을 추진할 것인가의 차이였다. 당연히 그 속에는 한국 사회의 당면과제에 대한 인식의 차이가 자리 잡고 있다. 민주대연합과 민주개혁의 과제를 중시하느냐, 노동운동 등 대중운동의 발전과 합법적 진보정당 건설을 통해 진보적 사회 대개혁 추진을 중시하느냐가 바로 그것이다.

---

24 양김을 보수적 자유의자로 규정했다는 것은 사실 80년대 운동권 문서에서 일반적으로 확인된다. 1987년부터 비판적 지지론을 선도해 왔던 민주화운동청년연합이나 독자후보론, 진보정당을 추진했던 민중의당, 민중당, 진보정당추진위원회 등도 마찬가지였다. 그런데 이런 인식은 노무현 정부가 등장하고 난 뒤 달라지게 된다. 한국형 중도진보의 뿌리로 김대중 전 대통령을 재인식하게 된 것이다. 이른바 '국보급 대통령'이라는 표현도 그런 맥락에서 나온 것이다.

6. 진보정치의 성공 신화 : 민주노동당과 열린우리당

2000년 민주노동당의 창당과 2003년 노무현 정부의 출범 과정은 과거와는 다른 중요한 변화를 내포하고 있다. 무엇보다 과거 비판적 지지와 독자정당론에 참여했던 사람들과 집단이 뒤섞이기 시작한 것이다. 그 이면에는 민주노총(전국민주노동조합총연맹), 전농(전국농민회총연맹) 등 전국적 대중운동 조직의 활동과 참여가 자리하고 있었다. 당시 민주노동당에는 그동안 독자적인 진보정당 건설 움직임에 부정적이었던 경기동부연합을 비롯해 인천연합, 울산연합 등 전국연합(민주주의민족통일전국연합)의 지역 조직 다수가 참여하기 시작했다. 또한 민주노총과 전농 등도 조직적으로 참여했다.

한편 노무현 정부와 열린우리당[25]에는 80년대 학생운동권 출신 상당수와 주요 시민단체 간부 출신들이 참여했다. 그중 많은 이들이 전대협(전국대학생대표자협의회) 등 NL 운동권 출신이었지만, PD 계열에 속해 있던 사람들과 80년대 운동권 내 정파 갈등에 비판적이었던 사람들도 다수 있었다.

---

25 노무현 대통령 취임 후인 2003년 11월, 새천년민주당에서 탈당한 의원들을 중심으로 만들어진 민주당 계열의 정당. 열린우리당의 창당으로 민주당 계열은 열린우리당과 새천년민주당으로 분화한다.

특히 학생운동권 출신이 아닌 노무현 대통령이 비판적 지지론의 주류 세력을 대체, 흡수하는 모습은 한국 정치의 역동성을 보여주었다. 당시 김대중 후보에 대한 비판적 지지 그룹이었던 386운동권은 김대중 대통령과 동교동에 불만을 갖고 있었음에도 정면으로 비판하지 못했다. 여소야대를 극복하기 위한 인위적인 정계개편과 야합, 김대중 대통령 아들들과 측근들의 비리에도 불구하고 맞서는 인물과 세력이 존재하지 않았다. 그런데 동교동계와 정면으로 대결한 노무현 후보가 자신만의 독자적인 색깔을 드러내며 대통령에 당선된 것이다. 노무현 대통령의 등장과 더불며 민주당의 주류세력은 교체되었고, 동교동계는 분열되었다. 이 과정에서 노무현 대통령은 정치노선과 정책에서는 김대중 대통령을 계승했지만 정치세력으로서는 동교동계를 대체하려고 했다. 친노세력이 중심이 된 열린우리당은 민주당 계열이지만 바로 직전의 새천년민주당과는 주류 세력, 구성 요소가 확연히 달라졌다.

진보정치의 성장 과정에서 2004년 총선의 의미는 각별하다. 민주노동당은 10석의 국회의원을 배출하여 1987년 이후 최초로 원내에 진출하는 진보정당이 되었다. 노회찬 의원 같은 대중적 스타의 탄생은 운동권 정파를 넘어서는 대중적 힘이 진보정치에도 작용한다는 사실을 입증했다. 또 열린우리당은 152석이라는 사상 최대 성과를 올렸고, 80년대 운동권 출신 인사들 다수가 국회의원 배지를 달았다. 민주노동당이 기존의 비판적 지지와 독자정당론을 뛰어넘는 진보정당의 상징이 되고, 열린우리당은 민주진보세력의 새로운 아성으로 자리 잡은 것이다. 진보정당에 대한 찬반 논쟁을 넘어 진보정치를 주장하던 사람들의 정치적 진출이 돋보이는 상황이었다.

이때를 전후로 정치권과 언론, 여론조사기관에서 진보, 진보정치라는 용어가 과거와 달리 넓은 의미로 사용되기 시작했다. 두 당을 중심으로 진보라는 단어가 일상적으로 사용되고, 언론이나 여론조사기관에서는 보수와 중도, 진보를 구별하는 패턴을 보이기 시작한 것이다. 바야흐로 진보 개념의 확대, 진보정치의 경쟁 시대가 온 것이다.

7. 성공과 동시에 찾아온 진보정치의 위기
– 열린우리당의 붕괴와 민주노동당의 분당

진보정치의 위기는 무엇보다 대중적 위기를 말한다. 열린우리당과 민주노동당의 위기는 성공과 동시에 찾아왔다. 2004년 총선에서 성공한 지 불과 3년도 안 되어 두 당 모두 심각한 위기에 처한 것이다. 2007년 대선에서 열린우리당은 대통합민주신당으로 이름을 바꾸었으나 역사상 최악의 패배[26]를 경험하고, 민주노동당은 2002년 대선에 못 미치는 결과를 받아 안고 분당 위기에 놓였다.[27]

열린우리당은 2004년 총선에서 152석이라는 엄청난 의석을 확보하는 성과를 거두었다. 그것은 노무현 대통령 탄핵을 추진했던 세력에 대한 대중적 분노의 결과물이었지만, 당시 열린우리당에 참여했던 운동권 출신 인사들은 그것을 자신들의 성공으로 간주했다. 그러나 정작 노무현 대통령과 민주대연합론의 상징이었던 김근태 의원, 그리고 '탄돌이(탄핵 역풍을 타고 당선된 초선 국회의원)'로 불렸던 108명의 초선 의원들은 민주대연합을 실현할 일관되고 통일된 개혁 전략과 정책적 능력

---

26 대통합민주신당의 정동영 후보는 530만 표가 넘는 상상할 수 없는 압도적 차이로 패배했다. 민주당 후보가 역사상 가장 큰 표 차이로 패배한 사례다.

27 2007년 민주노동당 권영길 후보는 71만 2,121표 3.01% 득표에 머물렀다. 2002년 95만 7,148표 3.89% 득표보다 24만 표 이상 적게 받은 것이다.

을 갖고 있지 못했다. 비판적 지지와 민주대연합론을 무려 10년 이상 주장해 왔던 역사에 비추어 볼 때, 그 내용의 빈곤함은 놀라울 정도였다.

이를 고 노회찬 의원은 "길 가다 지갑 주운 것"으로 비유했고, 열린우리당 내에서는 '108 번뇌'라는 자조적 말이 유행하기도 했다. 당시 노무현 정부와 열린우리당 관련 쟁점들에서 그 실상이 잘 드러난다. 대북 송금 특검, 핵폐기물 처리장 논란, 4대 개혁 입법 추진, 대연정 제안, 한·미 FTA 추진, 강정 해군기지 결정, 부동산 가격 폭등 등이 그것이다. 이 과정에서 "좌측 깜빡이를 켜고 우회전한다"는 노무현식 진보 개념을 둘러싼 논란이 불거지면서, 열린우리당을 넘어 진보진영 내의 갈등이 심화되었다.

기득권 유지를 위한 한나라당의 필사적 저항과 대중들의 부정적 평가 속에서 노무현 정부와 열린우리당의 정치적·정책적 능력은 바닥을 드러냈다. 진보정치의 한 축으로서 비판적 지지와 민주대연합론이 갖고 있던 노선과 정책은 완벽하게 무력화되었다. 노무현식 진보 개념도 자리를 잡지 못했다. 노무현 정부 중반 이후에는 그 많던 위원회들이 무력화되고, 대부분의 영역에서 관료들이 정책적 주도권을 행사했다. 노무현식 진보정치가 무너지기 시작한 것이다. 2006년 지방선거 패배 이후 열린우리당 탈당파가 늘어나고, 민주당·한나라당 탈당파들까지 참여한 대통합민주신당이 열린우리당을 흡수하는 과정은 이른바 민주당 내 진보 블록이 무너지는 상황이라고도 볼 수 있다. 이후 치러진 대선에서의 패배는 그에 대한 참혹한 대중적 평가를 의미했다. 민주당 내 진보정치는 당위와 현실의 접점에서 중심을 잡지 못하고 무너져 내렸다.

민주노동당은 2002년 지방선거와 대통령선거, 2004년 총선에 이르는 과정에서 무상의료·무상교육 등 진보적 정책을 대중화하고, 노동자 지역 거점들을 확보하면서 진보정치의 성공 가능성을 보여주었다.

그러나 총선 전부터 예고되었던 자주파와 평등파[28]의 당내 갈등이 전면화하면서, 대중적 요구보다 운동권 정파의 필요를 중시하는 분위기에 상황은 반전되기 시작했다. 강태운 고문사건, 일심회 사건 등 민주노동당 인사들을 포함하는 간첩사건과 북핵 문제 등에서 주장과 메시지의 심각한 혼선이 발생했다. 또한 정파 간의 심각한 당내 권력투쟁은 2004년 총선 승리를 이끌어냈던 정치적·정책적 성과들을 무너뜨렸다. 2005년 보궐선거와 2006년 지방선거의 결과는 민주노동당의 반성과 혁신을 요구했으나, 당을 주도하고 있던 정파들은 외면했다. 특히 2007년 민주노동당의 대선 후보 선출 과정에서 주요 정파들이 취했던 태도는 소탐대실의 전형을 보여주었다. 정파 간 담합 과정에서 대중적 지지가 높은 후보가 1위

---

28 80년대 운동권의 NL과 PD는 민주노동당의 자주파와 평등파라는 이름으로 재탄생했다.

에서 꼴찌로 추락하는 어이없는 상황이 발생한 것이다. 당시 대통합민주신당의 대중적 위기는 역설적으로 민주노동당의 대중적 성장으로 이어질 수도 있는 상황이었으나, 민주노동당은 국민이 준 기회를 걷어차 버렸다.

8. 흔들리고 분화되는 진보정치
– 전통적 진보정치의 위기와 새로운 쟁점

이명박 정부와 박근혜 정부

이명박 정부와 박근혜 정부 9년은 한국 보수의 재정립 과정이었다. 한국의 보수정치세력은 김대중·노무현 정부 10년 동안 사상 처음으로 권력을 빼앗긴 채 살아야 했다. 정치·경제·사회·문화 각 분야에서 기득권을 누리고 있던 보수세력에게 그것은 견디기 힘든 충격이었다. 보수세력은 다시는 그런 상황이 오지 않도록 새로운 기반을 마련하려고 했다. 전직 대법관 출신 이회창을 앞세운 두 번의 실패는 새로운 대안을 모색하도록 만들었고, 이명박과 박근혜가 새로운 대안으로 부각되었다. 이승만, 김영삼으로 이어지는 새로운 보수의 전통은 이명박 정부로 이어졌고, 이승만, 박정희로 이어지는 수구냉전보수의 주류는 박근혜 정부로 이어졌다.

이명박과 박근혜는 보수정치세력 내의 노선과 역사 인식의 차이를 드러내는 존재였으나, 민주당과의 양당제적 대결구도는 그런 차이를 뛰어넘는 통합을 강제했다. 분열은 곧 패배로 이어지는 양당제 정치가 작용했기 때문이다. 김대중·노무현이 만들어냈던 세력 통합과 후보단일화의 정치적 효과는 이제 보수정치세력도 공감하는 한국 정치의 생존 방식이 되었다.

그 결과 이명박 정부나 박근혜 정부는 대통령의 노선과 역사 인식의 차이에도 불구하고, 실제 정치 행태에서는 큰 차이가 없었다. 친일·친독재 보수의 행태와 독립운동을 존중하고 민주화운동을 인정한 보수의 행태가 뒤섞이면서 반북흡수통일론과 한·미 동맹 지상주의는 한국 보수의 변치 않는 상징이 되었다. 일부 혁신보수를 주장하는 사람들도 존재했지만, 그 흐름은 양당제 정치공학 속에서 소수 비주류에 머물렀다.

특히 박근혜 정부는 이승만, 박정희로 이어지는 수구냉전 보수세력의 흐름을 재구성하면서, 이념과 비전보다 권력정치에 익숙한 보수, 수단과 방법을 가리지 않고 권력을 추구하고 향유하는 보수세력의 민낯을 그대로 드러냈다. 그 결과 다시는 권력을 뺏기지 않겠다는 보수정치세력의 염원은 실현되지 못했다.

민주당의 변화 과정

2007년 등장한 대통합민주신당은 2015년 더불어민주당이 등장하기까지 6차례에 걸친 당명 변경과 이합집산을 거듭했다. 그동안 민주당은 보수 및 중도 성향의 정치세력들이 들락거리면서 당의 정체성을 뒤흔들고, 이념과 정책에 근거한 대의명분보다는 선거공학이 지배하는 정당으로 전락하였다. 이른바 민주당 내 진보 블록의 상징이었던 80년대 운동권 출신들은 이름에 걸맞은 '진보성'을 보여주지 못하고 정치공학에 익숙해져 갔다. 아마 노무현 전 대통령의 비극적 사망 사건이 없었더라면 민주당은 더 처참하게 무너졌을 것이다. 노무현 전 대통령의 비극적 죽음이 죽어가는 민주당을 살려 냈다. 친노세력이 민주당의 주류로 다시 등장했고, 노무현식 진보 개념이 민주대연합론에 근거한 민주당 정책의 중심을 이루기 시작했다.

진보정당의 분열과 통합, 그리고 재분열

2008년 민주노동당과 진보신당의 분리는 진보정당의 새로운 전환점이 되었다. 민주노동당으로 대표되던 노동자 중심의 진보적 대중정당[29]이 내부적 한계로 실패하면서, 민주노동당과 진보신당은 과거와 같은 대중적 영향력을 행사할 수 없게 되었다. 진보정당의 구심력이 약해지면서 민주노동당, 진보신당, 녹색당 등 다양한 진보정당이 나타났고, 진보정치의 다양성은 부정할 수 없는 현실이 되었다.

---

29 민주노동당은 노동자 중심의 진보적 대중정당을 의미했다. 90년대식 운동권 논쟁을 벗어나, 민주노총 등 대중조직이 참여한 명실상부한 한국적 진보정당이었다.

이런 상황에서 분열을 극복하고 대중적 지지를 확대하기 위한 다양한 시도 끝에 통합진보당이 만들어졌다. 전통적인 NL 계열이 중심이었던 민주노동당, 서구 사민주의 경향의 진보신당 탈당파, 그리고 친노 성향의 국민참여당계가 결합해 만들어진 통합진보당은 민주노동당과는 다른 정체성을 갖게 되었다. 민주노동당이 민주노총으로 대변되는 노동자 중심성에 기초한 진보정당이었다면, 통합진보당은 노동자 중심성보다는 진보개혁 성향의 정파 연합당이라고 할 수 있었기 때문이다.

2012년 비례대표 후보 부정경선 사건을 거치며 통합진보당에서 갈라져 나온 정의당(당시 진보정의당)은 극단적인 NL 정체성을 가진 구성원이 적어졌을 뿐, 통합진보당과 본질적으로 다르지 않은 특성을 갖고 있었다. 그러나 이후 노동당 이탈 세력, 민주노총 일부 세력이 정의당에 합류하면서 과거처럼 노동 중심 정체성, 이념적 선명성을 강조하는 흐름이 강해졌다. 최근에는 페미니즘 성향도 강해지면서 정의당의 정체성을 둘러싼 갈등이 한층 복잡해졌다.

결국 서로 다른 정체성을 추구하는 세력들 간의 갈등은 정의당 정체성 논란의 핵심이라 할 수 있다. 고 노회찬 의원은 운동권 동창회가 아닌 명실상부한 대중정당으로 발돋움하는 길만이 그런 논란을 극복할 수 있다고 생각했다.

그러나 친노세력의 좌장이었던 유시민의 탈당과 유연한

대중적 진보를 추구했던 노회찬 의원의 죽음을 거치면서 당내 갈등을 조율하면서 새로운 대중정당의 길을 개척하려는 시도는 좌절되었다. 정의당의 위기는 그렇게 배태되었다.

9. 2017년 촛불항쟁과 진보정치

2016년 10월 29일부터 시작된 촛불항쟁은 박근혜 대통령의 탄핵이 인용된 3월 10일 직후인 3월 11일까지 총 20차례, 누적 참가인원 1,656만 명 가량에 이르렀던 한국 정치사의 새로운 대전환점이었다.

촛불항쟁은 진보정치세력이나 전통적인 민중운동단체들이 주도한 것이라기보다 시민들의 자발적 촛불시위에 기존 정치세력이나 운동단체들이 이끌리면서 거대한 정치 항쟁으로 발전한 것이었다. 2017년 박근혜 대통령 탄핵 사태는 보수의 자멸이자 시민의 승리였다. 시민들이 주도한 촛불항쟁으로 민주주의의 퇴행을 막고, 변화와 진보의 길을 다시 갈 수 있었다.

촛불항쟁에서는 중·고등학생들과 여성들의 모습이 특별히 부각되었고, 대학생들뿐만 아니라 취업준비생·노동자들도 시위에 참여했다. 나이든 할아버지 할머니들도 있었다. 성性·연령·직업의 차이를 넘어선 촛불 행진은 민주당·국민의당·정의당 같은 주요 정치세력들만이 아니라 거의 모든 언론의 집중적인 관심을 받기 시작했다. 그리고 3월 10일 마침내 헌법재판소의 "피청구인 대통령 박근혜를 파면한다"는 결정으로 이어졌다.

촛불항쟁 과정에서는 단지 박근혜 대통령의 퇴진만이 아니라 정치개혁에 관한 다양한 시민들의 요구가 봇물처럼 터져 나왔다. 촛불집회에 참여한 많은 시민들은 그런 다양한 주장과 목소리에 귀를 기울였고, 견해가 같지 않더라도 서로 존중하는 성숙한 모습을 보여주었다. 그런 의미에서 촛불항쟁은 저항의 무대였고, 동시에 다양한 주장과 요구, 희망이 분출되는 만민공동회였으며, 깨어 있는 시민들의 문화적 축제이자 향연이었다.

그러나 이들을 대변할 단일한 정치세력은 존재하지 않았다. 아니 존재할 수 없었다. 그 결과 촛불 시민들의 요구는 촛불항쟁에 끌려 들어갔던 주요 정치세력들에 의해 제각각의 방식으로 전유專有되었다. 6월항쟁이 단일한 정치적 힘을 통해 국민의 요구를 대변하지 못했던 것처럼 촛불항쟁 역시 그랬다. 촛불연합은 촛불을 유지하는 데 기여했지만, 하나의 세력으로 진보정치의 새로운 길을 열어 내지는 못했다.

더불어민주당(이하 민주당)과 정의당 등에 대한 혁신 요구는 박근혜 대통령의 퇴행적 행위에 대한 대중적 반발 속에 묻혀 갔다. 역설적으로 박근혜 정부에 대한 대중적 불만이 민주당과 정의당의 혁신 논란을 중단시킨 것이다. 민주당과 정의당은 반성과 혁신을 하지 않으면서도 촛불 시민들의 열정을 등에 업고 정치적 성과를 얻을 수 있었다. 촛불은 혁명이었으나 진보정치세력의 혁신을 가로막은 방해물이었던 셈이다.

문재인 정부의 역할을 둘러싸고 벌어졌던 적폐청산론과 촛불연합론의 논쟁은 많은 것을 시사한다. 이른바 과거청산과 미래를 위한 개혁을 조율하는 문제였기 때문이다. 미래를 위한 치밀하고 체계적인 준비는 '생색내기'에 머물렀고, 적폐청산은 양당 정치의 수단으로 전락했다. 그리고 그것은 문재인 정부의 실패로 이어졌다.[30]

박근혜 대통령 탄핵 사태는 보수진영의 궤멸적 위기를 불러왔다. 그러나 보수정치의 환골탈태, 반성과 혁신의 계기로 작용했다는 점을 지적할 필요가 있다. 그들은 생존하기 위해 혁신하지 않으면 안 되는 상황에 몰렸다. 이를 대변한 인물들이 바로 김종인 국민의힘 비대위원장, 이준석 대표, 윤석열 후보였다. 윤석열 대통령은 김종인·이준석의 성과를 손쉽게 낚아채며 대안으로 부각되었다. 윤석열 정부의 등장은 문재인 정부의 문제점, 보수세력의 한계라는 두 가지 바탕 위에서 이루어진 역사적 사건이다. 무능하지만 운이 좋았다. 그러나 그것은 우연이 아니라 필연이다.

---

30 이일영, 「적폐청산에서 체제혁신으로」, 『창비주간논평』 2018. 1. 3.

10. 촛불 이후의 진보정치
– 진보정치 혁신의 유예가 가져온 비극

촛불항쟁의 성과는 더불어민주당과 문재인 정부에 의해 선택적으로 전유되었다. 정의당을 비롯한 진보정치세력들 역시 자신들만의 방식으로 촛불항쟁의 성과를 해석하고 활용했다. 촛불혁명을 성공으로 이끌었던 촛불연합은 한국 정치를 변화시킬 새로운 정치의 장을 만들어내는 데 성공하지 못했다. 민주당과 진보정치세력의 무능과 '내로남불'은 대중적 비판과 분노의 대상이 되었고, 그 반작용으로 윤석열 정부가 출범했다.

문재인 정부의 정책 실패에 대한 평가

문재인 정부는 그동안 민주당과 여러 진보정당, 그리고 시민사회단체들 사이에서 대안으로 제시했던 정책들을 국정의 중심에 올려놓았다. 위원회 중심의 노무현 정부와 달리 문재인 정부는 정책 결정과 집행 과정에서 '나라다운 나라'[31]을 만드는 능력을 보여주고자 했다. 소득주도성장과 최저임금

---

31 문재인 정부는 이를 '국민의 나라 정의로운 대한민국'으로 표현했다.

인상, 비정규직 축소와 노동권 보장, 한반도 평화 프로세스, 탈탄소-탈원전, 성평등, 부동산 정책, 중대재해처벌법 등이 바로 문재인표 진보 정책이라 할 수 있다.

그 속에는 1) 한반도 평화 프로세스처럼 잘했으나 미국과 북한을 설득하지 못하면서 구조적 한계에 머문 것도 있었고, 2) 탈탄소-탈원전 정책, 소득주도성장이나 최저임금 인상처럼 방향과 목표를 잘 설정했으면서도 다른 정책들과의 조율 및 속도 조절에 한계를 드러낸 것도 있었으며, 3) 24차례나 대책을 쏟아내면서도 집값 안정은커녕 폭등을 불러일으킨 부동산 정책도 있었다. 특히 부동산 정책은 민심이반의 결정적 요소로 작용해 문재인표 진보 정책의 무능과 실패의 상징이 되었다.[32]

중요한 것은 진보 정책을 둘러싼 공방이 단순한 정략적 차원을 넘어 대중적 삶의 문제와 연결되었고, 정책의 한계와 실패를 둘러싼 대중적 논란이 전면화되었다는 점이다. 이해당사자들의 치열한 문제제기가 정치화되기 시작했고, 이른바 진보 정책의 현실타당성을 둘러싼 대중적 평가가 확산되었다. 물론 여기에는 보수정치세력과 보수언론의 정략적 공격으로

---

32 부동산 정책 실패를 둘러싼 논란과 평가는 냉정한 검토가 필요하다. 노무현 정부의 부동산 정책 실패에 뒤이어 문재인 정부의 부동산 정책도 실패하면서 진보세력의 정책적 무능력의 표상으로 자리 잡았기 때문이다. 나는 보유세에 대한 미온적 태도, 시장과의 소통 부재 및 시장 현실에 대한 몰이해, 수요 억제 중심의 대책, 관료적 저항을 극복할 수 있는 실력의 부재 등을 핵심 원인으로 분석한다. 무엇보다 할 수 있는 것과 할 수 없는 것을 정확히 구별하지 못하는 정책적 판단력의 문제가 크다고 할 것이다.

조장된 측면도 있다. 그러나 그런 시도가 먹혀들 만한 대중적 환경이 존재했다는 점을 부정해서는 안 된다. '진보' 정책의 한계와 진보정치세력의 무능[33]이 비판의 초점이 되었다. 서민을 위한 정책이 서민의 발목의 잡고, 서민들의 분노의 대상이 되는 상황이 만들어진 것이다.

조국 사태와 검찰개혁

조국 사태는 문재인 정부 평가의 핵심 사안 중 하나이다. 그러나 많은 사람들이 조국 전 장관에 대한 선호도 문제로 이 사태에 접근한다. 또 20·30대 사이에서 논란이 된 공정 이슈와 연계해서만 접근한다. 그 결과 조국 옹호론과 비판론은 논리를 떠나 감정적으로 화합하기 힘든 골을 만들어냈다. 문재인 대통령을 포함한 대부분의 진보정치인들 역시 이와 관련 소극적 대응으로 일관하면서 조국 본인의 뜻에 맡겼다. 그런 점에서 가장 불행했던 존재는 조국 전 장관일 것이다. 여기서 조국 일가의 입시비리 문제로 접근할 것인가, 아니면 문재인 정부의 검찰개혁 이슈로 접근할 것인가의 문제가 제기된다.

이와 관련, 문재인 대통령의 책임을 지적하지 않을 수 없다.

---

33 진보 정책의 한계와 무능은 여러 의미로 해석될 수 있으나, 이 글에서는 진보 정책이 충분히 진보적이었나, 진보 정책이 현실타당성 있었느냐, 진보 정책과 다른 정책들을 조율하면서 집행할 정도의 능력이 있었느냐는 의미로 사용한다.

그는 윤석열 검찰총장과 검찰의 횡포를 제어하지 못하고 방관·방치했다. 그가 정치공학적 사고를 하면서 윤석열과 조국을 경쟁시키려 했는지, 검찰 조직의 구조적 반발에 대한 효과적인 대응책이 없었는지는 또 다른 문제이지만, 그의 고구마 같은 미적지근한 태도가 사태를 키웠다는 사실은 분명해 보인다.

중요한 것은 조국 사태가 여야, 보수와 진보의 최전선을 의미했다는 사실이다. 보수는 총결집했다. 한나라당과 보수언론, 그리고 검찰이 한몸이 되어 상상을 초월한 공격을 해댔다. 조국에게 흠이 있느냐 없느냐는 논란, 정쟁의 와중에서 벌어진 한 정치인에 대한 무섭고 무자비한 공격 속에서 한국 정치의 수준이 극명하게 드러났다. 문재인 정부의 무능력, 진보 정치세력의 무능력과 한계가 그 과정에서 다시 한번 확인되었다. 한나라당과 보수언론, 검찰의 총공세에 대응할 수 있는 전략은 부재했다. 오직 조국 사퇴냐 사수냐를 선택할 수밖에 없는 상황이 조성되었고, 그것을 반전시키는 방안과 대안은 묵살되거나 무시되었다.

그 결과 문재인 정부도, 정의당도, 조국도 무너졌다. 당시 조국 수호보다 검찰개혁을 내세우자는 주장, 또 조국 사태를 역이용해서 한국 교육의 구조적 문제를 해결하는 계기로 만들어야 한다는 주장은 전략적으로 검토할 만한 주장이었으나 현실에서는 관철되지 못했다.

민주당과 진보진영의 내로남불

물론 정책적 문제만이 진보정치세력의 무능과 한계를 드러낸 것은 아니었다. 민주당과 진보정당, 시민사회단체에서 '변화와 진보'를 앞세웠던 사람들의 삶과 도덕을 둘러싼 논란이 대중적으로 벌어졌기 때문이다. 진보정치세력의 '내로남불'은 대중적 분노의 화약고가 되었다. 보수정당과 보수언론의 정략적 의도의 결과물이라고 치부하기에는 그 파장이 상당했다. 안희정 미투 논란에 뒤이은 성 비위 사건들, 조국 사태, 투기와 부패 사건에 연루된 586세대의 기득권화 논란을 거치며 민주당과 문재인 정부는 도덕성에 큰 상처를 입었다.

그 과정에서 보수정당과 언론의 도덕적 공격이 민주진보진영의 도덕정치와 만나면서 도덕의 과잉정치화, 선택적 정치화 문제가 논란의 중심으로 떠올랐다. 특정 도덕적 쟁점이 문제의 본질과 상관없이 핵심으로 부각되기 시작했고, 동일한 사안도 정치적 맥락에 따라 다르게 평가되었다. 논란을 극복할 수 있는 치열한 논쟁과 진지한 평가는 이루어지지 않았다. 민주당의 내로남불과 비판자들의 내로남불이 동시에 발생하는 기이한 상황이 반복되었다. 공론장은 닫혀 있었고, 토론은 차단되었다. 정치적 공방과 진영논리가 득세하면서. 과잉정치화된 도덕적 논란을 넘어서는 수준 높은 정치담론이 펼쳐지지 못했다.

민주당을 넘어선 대안적 진보의 위기

문재인 정부의 진보적 정책을 둘러싼 논란에서 정의당이나 진보당, 녹색당 등의 대안적 접근은 대중적 관심을 불러일으키지 못했다. 중대재해처벌법·차별금지법 논의에서 존재감이 부각되었지만, 나머지 쟁점들에서는 그 차이점을 대중적으로 드러내는 데 성공하지 못한 것이다. 진보적 성장론, 진보적 부동산 대책, 진보적 노동정책이 무엇인지도 부각되지 못했다. 문재인 정부가 갖고 있던 문제점과 한계를 동일하게 갖고 있었거나, 그것을 대체할 수 있는 정책적·정치적 대안이 없었다고 할 수밖에 없다.

과거 민주노동당은 정치제도 개혁을 선도했던 정당명부식 비례대표제, 진보적 가치를 부각시킨 무상교육-무상급식 시리즈, 서민들의 실질적 삶의 개선을 이끌어낸 상가임대차보호법 등 정책적·정치적 능력에서 열린우리당을 압도했다. 그러나 문재인 정부 시절 정의당, 진보당, 녹색당은 극단적인 양당 간의 정쟁을 뚫고 대안적 진보의 길을 제시하는 데 성공하지 못했다. 그런 정책적·정치적 능력을 발휘하지 못했다.

III

다시 보는 2022년
대선 결과

1. 역대 최고, 최고, 최고, 최고

2022년 대통령선거는 역대 최고의 박빙 선거였다. 윤석열 당선자와 2위 낙선자인 이재명 후보는 1,600만 표가 넘는 역대 최고 득표수를 기록했다. 두 후보의 표차는 불과 24만 7,077표, 득표율 차이는 0.75%밖에 되지 않았다. 1987년 직선제 개헌 이후 가장 적은 표차로 당락이 갈렸다. 3위는 정의당의 심상정 후보로 80만 3,358표였고, 4위는 국가혁명당의 허경영 후보로 28만 1,481표였다. 심상정 후보는 2017년 선거 때보다 적은 표를 얻어 2002년 민주노동당 권영길 후보 수준으로 추락했다. 허경영 후보는 역대 선거에서 최고 득표를 기록했다. 어찌 보면 20대 대선의 또 다른 승자는 허경영 후보인지도 모른다. 확실한 '국민배설구(?)'로 자리매김했다고 할 수 있기 때문이다.

무효표도 역대 최고였다. 무효표 수가 1~2위 표차보다 많은 선거였다. 중앙선거관리위원회 선거통계시스템에 따르면 이번 대선에서 무효표는 30만 7,542표로, 19대 대선 무효표 13만 5,733표, 18대 대선 무효표 12만 6,838표보다 2배 이상 많았다. 김동연 후보와 안철수 후보의 사퇴 시점이 투표용지 인쇄 이후이고, 재외국인 투표는 사퇴하기 전에 이루어졌기 때문이라고 볼 수 있다.

이전 선거와 비교해 보자. 역대 박빙 선거의 대표적 사례는 1997년 대선, 2002년 대선, 그리고 2012년 대선이다. 1997년 대선은 박빙이었지만 100만 표 이상을 득표한 후보가 3명이었다는 점에서 2022년 대선과는 크게 다르다. 극단적인 양자 대결이라는 점을 부각시킨다면 2002년 노무현-이회창 선거 결과가 가장 비슷하다고 할 수 있다. 노무현 후보와 정몽준 후보의 단일화 논란과 권영길 후보의 독자 완주 과정은 2022년 대선과 비교될 수 있다. 2012년 대선도 비슷했지만 100만 표에 근접한 제3의 후보가 없었다는 점에서 매우 치열하긴 했으나 2022년 선거 결과와 비교하기 힘들다. 당시 문재인 후보는 사실상 안철수·심상정·이정희 후보와 2중·3중의 단일화를 성사시켰음에도 불구하고 낙선했기 때문이다.

대통령 선거 결과 비교

연도	정당	후보	득표수	득표율	1~2위 차이
1997	한나라당	이회창	9,935,718	38.74%	39만 557표
	새정치국민회의	김대중	10,326,275	40.27%	
	국민신당	이인제	4,925,591	19.20%	
	국민승리21	권영길	306,026	1.19%	
2002	한나라당	이회창	11,443,297	46.58%	57만 980표
	새천년민주당	노무현	12,014,277	48.91%	
	민주노동당	권영길	957,148	3.89%	

연도	정당	후보	득표수	득표율	1~2위 차이
2012	새누리당	박근혜	15,773,128	51.55%	108만 496표
	민주통합당	문재인	14,692,632	48.02%	
2022	국민의힘	윤석열	16,394,815	48.56%	24만 7,077표
	더불어민주당	이재명	16,147,738	47.83%	
	정의당	심상정	803,358	2.37%	
	국가혁명당	허경영	281,481	0.83%	

　　최고의 비호감 선거였다는 평가는 주관적일 수 있다. 그러나 보수-진보 할 것 없이 거의 모든 언론이 그렇게 보도했고, 여론조사 결과도 그렇게 나타났다. 대부분의 유권자들도 그렇게 생각했다는 점에서 그것은 보편적 주관, 보편적 평가라고 할 수 있다. 그 속에는 후보자들에 대한 비호감과 선거운동 과정에 대한 불만이 뒤섞여 있을 것이다. 윤석열 후보를 둘러싼 무지와 무식, 무능과 무속 논란은 반대 유권자들의 조롱거리가 되었다. 이재명 후보의 욕설 파문과 말바꾸기, 감탄고토甘呑苦吐 논란 역시 그를 반대하는 유권자들의 조롱을 불러왔다. 그런 일들은 선거운동 과정에서 극대화되었다. 그런 의미에서 20대 대선은 역대 최고의 비호감 선거였고, 최고의 네거티브 선거였다.

2. 윤석열 후보와 이재명 후보의 당락 분석과 평가

25만 표가 안 되는 차이의 신승辛勝과 석패惜敗를 둘러싸고 다양한 평가가 이루어졌다. 냉정하게 볼 때 다양한 평가는 사실 저마다의 정치적 입장과 처지에 따른 것이다. 만인이 공감할 수 있는 냉정하고 객관적인 평가는 존재하지도 않고 존재할 수도 없다. 그것은 윤석열 후보의 당선에 대해서든, 이재명 후보의 패배에 대해서든 마찬가지다. 우리 모두 그런 한계에서 자유롭지 못하다.

선거 결과 분석은 결과만 놓고 보았을 때는 평면적이기 쉽다. 단순 비교이기 때문이다. 그러나 선거 과정의 역동성과 연결지어 보면, 선거 결과 분석은 평가하는 사람의 처지와 조건에 따라 극명하게 갈릴 수밖에 없다. 각자의 머릿속에서 그런 결과를 만들어낸 선거 과정의 여러 사건들이 뒤섞일 수밖에 없기 때문이다. 그것은 너무도 당연하다. 20대 대선은 초박빙 선거였던 만큼 다양한 변수 중 어느 하나만 바뀌었어도 승패가 달라졌을 수 있다. 투표일이 1~2일 후였다면 뒤집어질 수도 있었고, 투표하지 않은 사람들이 조금만 더 투표했거나 무효표가 좀 더 적었다면 결과가 달라졌을 수 있다. 또 이재명 후보와 심상정 후보의 단일화가 이루어졌다면, 이낙연 후보 지지자들 중 이재명 후보를 지지하지 않고 이탈한 사람들이 조금만 더 적었어도 결과가 달라졌을 수 있다. 심지어 허경영 후보의 표를 누가 더 많이 잠식했느냐에 따라서도 달라질 수 있었다.

중요한 것은 사람들이 그중 어느 것을 중심으로 평가하느냐이다. 사람들은 저마다 서로 다른 해석을 할 수 있기 때문이다. 그리고 그 속에서 그들의 미래도 볼 수 있지 않을까.

윤석열 후보의 당선 요인

윤석열 후보의 당선 요인을 두고 다양한 분석이 있다. 우주의 기운을 받아 당선되었다는 식의 평가가 아니라면 대부분 나름의 근거를 갖고 있다. 문제는 그것을 선거 과정에서 어떤 비중으로 설명하느냐이다.

가장 근본적으로 윤석열 후보의 당선은 문재인 대통령과 조국 전 장관 때문이라는 평가가 있다. 적어도 그가 문재인 대통령이 임명한 사람이고, 문재인 대통령과 그 대리인인 조국·추미애·박범계 전 장관 등과 싸우면서 정치적 몸집을 불려왔다는 점에서 크게 틀린 분석은 아니다.

그러나 그것은 대선이 진행되기 전에 결정된 사항을 중심으로 평가한 것이다. 다시 말해 대선 과정의 역동성을 설명하는 평가는 아니라는 것이다. 물론 윤석열 후보가 이른바 정권교체론의 대표주자로 부각된 점에 초점을 맞춘다면 문재인 대통령과 조국 때문이라는 말이 틀린 것은 아니다.

박근혜·이명박 전 대통령을 감옥에 보내고, 문재인 대통령과도 정면으로 대결한 존재라는 점에서 윤석열 후보의 존재 가치는 특별한 듯 보였다. 이른바 합리적 보수, 민주적 보수, 공정한 검찰이라는 이미지가 그에게 덧씌워졌다. 그러나 그가 대선 출마 의지를 굳히고 국민의힘 입당 여부를 타진하는 순간부터 그의 진면목은 하나씩 드러나기 시작했다. 김종인 비대위원장과 이준석 대표가 그의 약점을 감추는 데 큰 역할을 해주었지만, 그의 독선적 태도, 무속 의존, 무지와 무식, 검사 체질 등은 시간이 흐를수록 약점으로 부각되었다. 범접할 수 없는 상대인 줄 알았는데, 생각보다 흠결이 많은 존재라는 것이 드러나면서 선거 결과는 예측불허가 되기 시작했다.

특히 김종인·이준석 두 사람과의 갈등 및 봉합 과정은 달라진 그의 처지를 극명하게 보여주었다. 김종인 비대위원장과 결별한 뒤, 이준석 대표와도 결별할 경우 당선이 어려워질 수 있다는 판단이 나오기 시작했다. 또한 윤석열 후보의 흠결과 이재명 후보의 도덕성 논란이 상쇄되는 조건에서 무능과 유능의 문제가 전면에 부각되며 팽팽한 접전이 예고되었다.

그에 따라 네거티브 싸움, 조직 싸움이 본격적으로 시작되었다. 막판 이재명 후보가 바짝 추격하고, 지지 유보층의 입장이 달라지는 추세가 확인되면서 뒤집어질 수도 있다는 분석이 윤석열 후보 주변에서 나오기 시작했다. 윤석열 캠프는 마지막 카드로 안철수 후보와의 단일화를 선택했다. 바로 직전 방송토론회에서 날을 세웠던 안철수 후보가 극적으로 단일화에 합의하게 된 이유는 불확실하지만, 후보단일화가 윤석열 후보의 추락을 막아 주는 역할을 한 것은 분명하다. 그런 점에서 본다면 윤석열 후보 당선의 일등공신은 안철수 후보인 셈이다.

논란이 된 것은 김종인 전 비대위원장의 역할론이다. 김종인 전 비대위원장은 선거 중도에 하차했지만 국민의힘의 극우 이미지를 희석시키고 호남을 공략하는 데 크게 기여했다. 다시 말해 국민의힘을 합리적 보수, 중도지향적 보수정당처럼 비춰지게 하는 데 큰 역할을 했다는 것이다. 그런 의미에서 그의 역할이 결코 작지 않았다고 본다. 당선된 뒤 윤석열 대통령은 이를 전혀 인정하지 않고 있지만, 한국 보수정치의 미래를 보여주었다는 점에서 김종인 전 비대위원장의 역할은 재평가될 필요가 있을 것이다. 물론 그에 맞서는 민주당의 혁신 노력이 보이지 않았다는 점도 비교 평가하는 데 도움이 될 것이다.

김종인과 이준석의 관계, 그리고 이준석의 세대포위론이 어느 정도 역할을 했느냐를 두고 논란이 있는 것도 사실이다. 그러나 냉정하게 볼 때, 윤석열 후보가 갈등 관계였지만 이준석 대표와 결별하지 않은 것은 김종인 전 비대위원장이 쌓아 놓은 긍정적 이미지를 이어가면서, 이른바 청년세대의 이탈을 막을 수 있었다는 점에서 선거운동 초반에 나름 큰 역할을 했다고 볼 수 있다. 그렇게 볼 때 '토사구팽'이라는 말이 가장 잘 들어맞는 존재가 이준석 전 대표인 셈이다.

당선 후 윤석열 대통령이 선거 과정에서의 갈등이나 감정의 앙금을 마음에 담아두고 있다가 그들을 쳐내는 모습은 그의 인격적 수준만이 아니라 한국 정치의 민낯을 그대로 드러내 주었다. 그에 대한 인격적 비하나 조롱을 넘어 한국 정치의 수준을 크게 후퇴시켰다고 할 수 있기 때문이다. 이는 곧 한국 보수정치의 혁신 노력이 후퇴하는 것을 의미하기도 한다. 이준석의 미래가 불안한 이유이기도 하다. 그는 과연 윤석열 대통령을 넘어설 수 있을까?

이재명 후보의 패배 요인

이재명 후보의 패배 요인으로 그의 도덕성 문제나 대장동 사건을 거론하는 것은 적절치 않다. 그것은 이미 그전부터 논란이 되었던 문제로, 사실상 이재명 후보 평가의 상수로 자리잡고 있었기 때문이다. 따라서 문재인 정부 심판론이 줄곧 55% 이상인 상황에서 문재인 정부 지지율을 밑돌고 있던 이재명 후보가 선거 중반을 넘어가면서 윤석열 후보 턱밑까지 쫓아간 결과를 제대로 해석하는 것이 그의 패배 요인을 분석·평가하는 데 핵심이라고 할 수 있다.

윤석열 후보의 자질 논란이 본격화되면서 이재명 후보의

유능함이 부각된 것은 이재명 후보의 상승세에 긍정적 요인으로 작용한 것으로 보인다. 그러나 그것이 이재명 후보의 유능함에 대한 긍정적 평가인지, 윤석열 후보에 대한 비판과 불안감으로 인한 반사 효과인지에 대해서는 갑론을박이 있을 수 있다. 뒤에서 확인하겠지만 윤석열 후보나 이재명 후보를 지지한 심층 출구조사를 보면 후보에 대한 불만이 많음에도 불구하고 투표했다는 의견이 매우 높게 나오기 때문이다. 이재명 후보나 민주당에서 냉정하게 직시해야 할 대목이다. 이재명 후보가 다음 대선을 바라보려면 바로 그런 사람들을 확실한 지지자로 만들지 않으면 안 되기 때문이다.

이재명 후보가 매우 높은 득표수를 기록했고, 박빙의 차이로 떨어졌기 때문에 '졌지만 잘 싸웠다'(이른바 '졌잘싸')는 평가가 가능하다. 그렇지만 '졌잘싸'의 태도로는 미래를 보장할 수 없다. 이재명 후보가 좋아서 지지한 사람들보다 윤석열 후보가 싫어서 그를 지지한 사람들은 더 나은 후보나 지도자가 출현하는 순간 배를 바꿔 탈 수밖에 없기 때문이다.

부인 김혜경씨의 법카 논란은 실제 내용보다 국민의힘과 보수언론의 공세 근거로 작용했다는 점에서 막판에 일정한 영향을 미쳤다고 할 수 있다. 그렇지만 어느 정도 영향을 미쳤는가는 쉽게 파악할 수 없다. 물론 25만 표가 아주 작은 차이였다는 점에서 그 정도의 영향을 주었다고도 평가할 수 있다.

그러나 냉정하게 말해서 그것이 결정적 요인이었다는 평가는 부적절해 보인다. 후보단일화 논란, 이대녀의 지지 효과 등이 뒤이어 등장하기 때문이다. 오히려 이재명 후보에 대해 부정적 입장이었다가 윤석열 후보의 자질 논란을 보고 싫지만 어쩔 수 없이 이재명 후보를 지지하려던 사람들에게는 일정한 영향력을 미치지 않았을까? 그리고 이것은 순전히 나의 추측이지만 허경영 후보가 그 반사 이익의 수혜자가 된 것은 아니었을까? 허경영 후보가 상대적으로 높은 득표를 한 이유를 윤석열과 이재명 후보에 대한 부정적 판단 때문이라고 보기 때문이다.

한편 이준석의 '이대남 갈라치기'와 '세대포위 전략'을 받아들인 윤석열 후보의 무모한 행보에 대한 반사작용으로 이대녀가 이재명 후보 지지로 돌아선 것은 막판 대역전극의 가능성을 부각시켰다. 아마 심상정 후보와의 단일화가 이루어졌다면 대역전극이 이루어졌을지 모른다.

사실 심상정 후보는 노동운동 출신임에도 불구하고 노동자 또는 진보층 지지도에서 3위 수준에 머물렀다. 1위는 이재명, 2위는 윤석열 후보였다. 무투표, 지지 후보 없음까지 고려한다면 4위라고도 할 수 있다. 심상정 후보측이 냉정하게 반성하고 평가해야 할 부분이라고 본다. 진짜 진보 후보임을 외친 사람이 진보층에서 사실상 4위를 했다는 결과는 결코 가볍게 넘길 수 있는 문제가 아니기 때문이다. 어쨌든 여론조사에서 이대녀로부터 상대적으로 높은 지지를 받았던 심상정 후보는 선거 막판 이대녀의 이재명 후보 지지 선회로 가장 큰 타격을 입은 것으로 보인다. 만약 이대녀가 이재명 후보 지지로 돌아서지 않았다면 심상정 후보는 어느 정도 득표했을까?

물론 그런 상상도 가능하겠지만, 현실적으로 윤석열 후보가 당선된다면 어떤 일이 벌어질까를 생각한 보통사람들의 입장에서 볼 때, 그것은 한가한 상상일 수 있다. 눈앞에서 여성가족부가 폐지되고 여성들의 권리 확대와 지위 향상을 위한 시도와 노력들이 저평가되는 상황이 벌어질 게 분명하다면, 그것을 저지하는 현실적 수단이 무엇인지 생각할 수밖에 없기 때문이다. 바로 그렇기 때문에 이대녀의 이재명 후보 지지도 그가 좋아서 지지했다기보다는 윤석열 후보가 싫어서, 윤석열 후보가 당선된 뒤 벌어질 일에 대한 두려움 때문에 지지했다고 평가하는 것이 더 적절할 것이다.

어찌 됐든 이대녀 다수가 심상정 후보에게 갔다면, 이재명 후보의 패배는 아까운 패배가 아니라 당연한 패배가 되었을 것이다. 이재명 후보가 심상정 후보와의 단일화에 실패한 것은 누가 뭐라고 하든 패배의 중요한 원인이다. 안철수 후보와 윤석열 후보가 단일화했다면 당연히 윤석열 후보의 당선 가능성이 높아진다는 분석은 상식적이고 대중적인 것이다. 그것을 부정할 수 있는가? 그런데 상대적으로 가깝다는 이재명 후보와 심상정 후보가 단일화하지 못했다면 그 사연이 어찌 됐든 이재명 후보의 패배 가능성이 높아졌다고 평가하는 것이 상식적 평가, 대중적 평가일 것이다. 여기서 심상정 후보와 정의당이 민주당을 불신하고 있는 상황을 해소시켜 주지 못한 이재명 후보의 한계를 지적할 수도 있고, 과거의 민주당과 이재명의 민주당을 구별하지 못한 심상정 후보와 정의당의 정치적 무능력을 지적할 수도 있다.

두 사람의 단일화가 이루어졌다면 민주당 지지자들이나 막판 이재명 지지로 돌아선 이대녀들이 심상정 후보를 어떻게 보았을 것인가? 지금과는 완전히 달라졌을 것이다. 심상정 후보와 정의당이 그것을 생각지 못했다는 사실이 너무도 안타깝다.

물론 이낙연 후보 지지자들이나 친문 세력 중 극단적인 반이재명 세력의 이탈만 없었어도 20만 표 차이를 극복할 수 있었다는 주장도 일리는 있다. 그러나 정치는 유기체와 같은 역동성을 갖고 있다. 그것은 2021년 말 민주당 내부 경선 직후에 해결될 문제였지, 2022년 투표 직전의 문제로 평가하는 것은 적절하지 않다고 생각한다. 물론 반이재명계 국회의원들의 소극적인 선거운동 문제는 또 다르게 평가할 수 있다. 그들이 얼마나 소극적이었는지 정확하게 알 수는 없지만, 민주당 당원들 사이에 그런 분위기가 강하게 남아 있었던 것은 분명하기 때문이다.

또한 선거 전략의 문제점도 지적할 필요가 있을 것이다. 개헌 문제를 포함한 빅이슈를 외면하고 '소확행(소소하고 확실한 행복)'과 지지자 최대 결집 전략에 집중했던 선거 전략의 문제이다. 윤석열 후보에 대한 네거티브와 소확행을 넘어, 대한민국의 미래를 좌우하는 제도개혁과 중요 정책 이슈들을 선거 쟁점화하면서 이재명 후보의 강점을 더 잘 부각했더라면 선거 초반부터 기선 제압이 가능하지 않았을까?

빅이슈라 할 수 있는 개헌을 포함한 정치교체 이슈는 너무 늦게 제기되었다. 대선후보 경선 과정이나 본선이 시작되고 나서도 이재명 후보는 '강단 있고 유능하다'는 이미지를 살리는 빅이슈를 만들어내지 못했다. 2021년 8월 말에서 9월 초부터 내놓은 소확행 공약이 전혀 효과가 없었다고 할 수는 없지만, 수백 개가 넘는 소확행 공약은 윤석열 후보의 소확행 공약과 뒤섞이면서 차별성을 극대화하기 어려웠다. 유권자의 이념적 차이, 세대와 성의 차이, 직업의 차이를 뛰어넘어 한국사람이라면 당연히 문제로 느끼고 있는 구조적 문제들을 제기하면서, 새로운 미래에 대한 청사진을 대선의 핵심 의제로 만들었다면 대선판이 더 크게 요동치지 않았을까? 물론 선거 과정의 역동성을 고려한다면 판을 흔드는 3~4개의 빅이슈와 유권자들의 가슴을 파고드는 소확행이 조화를 이루는 것이 바람직했을 것이다. 그러나 이재명 후보와 민주당은 그러지 못했다.

3. 대선 결과 심층분석 1 : 젠더 이슈, 지역별 득표율, 세대별 투표율

젠더 이슈

대선 평가와 관련해 많은 사람들이 젠더 이슈를 핵심 의제 중 하나로 꼽았고, 이대남과 이대녀의 분열상이 선거를 좌우했다고 평가했다. 방송3사 출구조사 결과는 이를 가감없이 보여준다. 이대남은 윤석열 후보를, 이대녀는 이재명 후보를 더 많이 지지했다. 그러나 남녀 포함 20대 전체의 예상득표율은 팽팽했다. 여기서 중요한 것은 2017년 대선이나 그 이전 대선 결과를 보면 20대에서 민주당이 아주 큰 차이로 우위를 차지했는데, 이번에는 그렇지 못했다는 사실이다. 젠더 이슈가 쟁점화하면서 국민의힘에 유리한 상황이 만들어졌으나, 민주당은 그것을 뒤집지 못했다.

선거공학으로만 본다면 이른바 국민의힘의 '이대남 갈라치기' 전략은 성공한 반면, 이에 대한 민주당의 대응은 성공적이지 못했다. 이대녀가 민주당을 압도적으로 지지한 것은 민주당의 선거 전략 요인도 있지만, 이대남의 윤석열 후보 지지에 불안해진 이대녀의 심리적 반사 효과 때문이라고 할 수 있다.

문제는 이대남과 이대녀의 갈라치기 전략이 먹혀든 것에 대한 분석과 평가이다. 불과 2년 전인 2020년 총선에서는 젠더 갈등이 있었음에도 불구하고 이대남과 이대녀의 구획으로까지 뚜렷하게 부각되지 않았기 때문이다. 따라서 이준석의 갈라치기가 먹혀든 현실에 대한 분석과 평가가 필요하다.

그런 추세가 뚜렷하게 드러나기 시작한 것은 2021년 서울시장 보궐선거, 이준석의 국민의힘 대표 당선 시점이다. 민주당 의원들의 내로남불에 대한 비판과 오세훈-이준석의 갈라치기가 먹혀들어 가는 상황이었다는 것이다. 아마 그것은 젠더 문제만이 아니라 공정과 능력주의를 열망하는 이유와도 관련 있을 것이다.

실제 득표 결과는 확인할 수 없다. 그러나 실제 득표 결과와 가장 근접하다는 방송3사 출구조사 결과는 다음과 같이 나왔다.

남성, 여성, 연령대별 예상득표율(방송3사 출구조사)

(단위 : %)

구분	남성 예상득표율		여성 예상특표율		연령대별 예상득표율	
	윤석열	이재명	윤석열	이재명	윤석열	이재명
전체	50.1	46.5	46.6	49.1	48.4	47.8
20대	58.7	36.3	33.8	58.0	45.5	47.8
30대	52.8	42.6	43.8	49.7	48.1	46.3
40대	35.2	61.0	35.6	60.0	35.4	60.5
50대	41.8	55.0	45.8	50.1	43.9	52.4
60대 이상	67.4	30.2	66.8	31.3	67.1	30.8

지역별 득표율

지역별 득표율은 선거관리위원회 개표 결과를 참조했다. 흥미롭게도 2022년 대선에서 눈에 띄는 변화가 나타났다. 서울에서는 윤석열 후보가 이겼고, 인천·경기와 제주에서는 이재명 후보가 이겼다. 부산, 울산, 경남·북, 강원은 원래부터 윤석열 후보와 국민의힘이 우위인 지역이다. 반면 광주와 전남·북은 이재명 후보와 민주당이 우위인 지역이다.

특별히 호남에서 윤석열 후보가 역대 최고 득표를 했다는 사실을 지적할 필요가 있다. 역대 박빙 선거 중 하나인 2012년 박근혜-문재인 득표율과 비교하면 그 차이를 알 수 있다. 전국적 득표 결과로는 알 수 없는, 숨어 있는 특성이 존재한다는 말이다. 지역별 득표 분석이 필요한 이유이다. 서울, 광주, 전남, 전북, 대전은 특별히 차이가 크다. 광주, 전남, 전북은 국민의힘의 호남 전략이 성공했다는 것을 말해 준다. 이낙연 지지자들의 이탈 문제도 그 속에서 평가될 수 있을 것이다. 서울의 경우, 국민의힘 호남 전략의 영향도 있겠지만 오세훈 시장 지지층의 존재, 이대남의 국민의힘 지지, 문재인 정부의 부동산 정책에 대한 반발 등이 종합적으로 영향을 미쳤다는 점을 고려해야 한다.

2012년, 2022년 대선 결과를 지역별로 재구성

(단위 : %)

지 역	민주당 계열		국민의힘 계열	
	이재명 (2022)	문재인 (2012)	윤석열 (2022)	박근혜 (2012)
전 체	47.83	48.02	48.56	51.55
서울특별시	45.73	51.42	50.56	48.18
부산광역시	38.15	39.87	58.25	59.82
대구광역시	21.60	19.53	75.14	80.14
대전광역시	46.44	49.70	49.55	49.95
인천광역시	48.91	48.04	47.05	51.58
광주광역시	84.82	91.97	12.72	7.76
울산광역시	40.79	39.78	54.41	59.78
세종특별자치시	51.91	47.58	44.14	51.91
경기도	50.94	49.19	45.62	50.43
강원도	41.72	37.53	54.18	61.97
충청남도	44.96	42.79	51.08	56.66
충청북도	45.12	43.26	50.67	56.22
경상남도	37.38	36.33	58.24	63.12
경상북도	23.80	18.61	72.76	80.82
전라남도	86.10	89.28	11.44	10.00
전라북도	82.98	86.25	14.42	13.22
제주특별자치도	52.59	48.95	42.69	50.46

- 윤석열 후보가 박근혜 후보보다 득표율이 높은 곳 : 서울, 광주, 전남, 전북
- 이재명 후보가 문재인 후보보다 득표율이 낮은 곳 : 서울, 광주, 전남, 전북, 대전, 부산

투표율

2017년 대선 투표율은 77.2%였고, 2022년 대선 투표율은 77.1%였다. 투표율 자체만으로 보면 큰 차이가 없지만, 세부 내용을 들여다보면 심각하다. 한마디로 20·30·40대 투표율은 2017년보다 떨어졌고, 50·60대 투표율은 더 높아졌다. 특히 20·30대의 투표율이 크게 낮은 사실에 주목할 필요가 있다. 지역별 투표율은 큰 차이가 없었다.

세대별 투표율

(단위 : %)

연 령	제19대 대선(2017)	제20대 대선(2022)
전 체	77.2	77.08
20대 이하	76.2	65·3
30대	74.2	69.3
40대	74.9	70.4
50대	78.6	81.9
60대 이상	79.1	84.4

지역별 투표율

(단위 : %)

지 역	제19대 대선(2017)	제20대 대선(2022)
전 체	77.2	77.08
서울특별시	78.6	77.9
부산광역시	76.7	75·3
대구광역시	77.4	78.7
대전광역시	77.5	76.7
인천광역시	75.6	74.8
광주광역시	82	81.5
울산광역시	79.2	78.1
세종특별자치시	80.7	80.2
경기도	77.1	76.7
강원도	74.3	76.1
충청남도	72.4	73.7
충청북도	74.8	74.8
경상남도	77.8	76.4
경상북도	76.1	78.1
전라남도	78.8	81.1
전라북도	79	80.6
제주특별자치도	72.3	72.6

방송 3사 출구조사는 심층조사[34]도 함께 진행되었다. 심층조사 결과는 좀 더 구체적인 내용을 확인해 준다. 물론 이것 역시 일종의 여론조사이기 때문에 100% 정확하다고 할 수는 없다. 출구조사가 갖는 신뢰도를 근거로 추정할 뿐이다.

정권 연장과 교체 여론

정권연장 35%, 정권교체 48.7%, 모름 16.3%로 정권교체 여론이 높았다. 기존 여론조사에서는 이재명 후보 지지율이 정권연장보다 낮았으나 출구조사에서는 훨씬 높게 나타났다. 바로 이 점을 민주당과 이재명 후보가 어떻게 해석할 것인지 궁금하다. 나는 이재명 후보의 저력도 있지만, 윤석열 후보의 자질 논란이 크게 영향을 미쳤다고 본다. 윤석열 후보에 대한

---

34 방송3사 심층출구조사는 투표일인 3월 9일 오전 6시에서 오후 6시까지 총 4,195명을 상대로 진행한, 태블릿 피시를 활용한 개별면접조사 결과를 의미한다. 73,297명을 대상으로 한 출구조사보다 더 세부적인 결과를 얻기 위한 조사이다. 그 조사 결과표는 방송과 언론을 통해 일부 보도되었지만, 전체 통계표는 공개되지 않았다. 그래서 방송 및 언론보도 내용과 나무위키에 공개된 내용을 중심으로 평가할 수밖에 없었다. 방송사 관계자와 통화하면서 나무위키와 방송 및 언론보도 내용이 통계표와 다르지 않다는 것만 확인할 수 있었다. 그러나 통계표 원본은 끝내 확보할 수 없었다. 방송3사가 공개하지 않는 이유를 아직도 알 수 없다.

반감이 이재명 후보가 마음에 들지 않음에도 불구하고 유일한 대안으로 다가왔을 것이다. 이것은 이재명 후보가 차기 대권을 준비할 때 심각하게 고려해야 할 부분이다.

(단위 : %)

	정권연장	정권교체	모름
20대 이하	23.2	42.2	
30대	30.4	44.7	
40대	48.7	33.3	
50대	46.8	42.9	
60대 이상	27.6	65.1	

후보 만족도

후보가 만족스럽지 않으나 투표했다는 사람들이 많았다. 특히 20대와 30대에서 압도적으로 많았다.

(단위 : %)

구 분	후보 만족, 투표	후보 불만족, 투표	모름
20대 이하	27.7	64.1	8.2
30대	32.3	63.9	3.9
40대	46.1	52.3	1.6
50대	48.0	50.4	1.6
60대 이상	63.7	34.2	2.1
전체	47.6	49.3	3.1

이는 양강 구도 하에서 상대방의 당선을 막기 위해 싫지만 투표한 비율이 높았음을 의미한다. 이 점은 당선한 윤석열 후보측만이 아니라 아깝게 낙선한 이재명 후보측에서 명심해야 할 일이다. 특히 낙선한 이재명 후보는 윤석열 후보의 당선을 막기 위해 자기를 지지한 사람들이 많다는 점을 반드시 기억할 필요가 있다. 그들은 이재명 후보보다 선호하는 사람이 나타나는 순간 지지를 철회할 수도 있기 때문이다.

이념적 분포

(단위 : %)

연 도	보수	중도	진보	모름
2017	27.7	38.4	27.1	6.8
2022	31.4	39.5	21.6	7.6

보수의 확대와 진보의 축소가 눈에 띈다. 그러나 중도층에서 이재명 지지 50.9%, 윤석열 지지 44.7%, 심상정 3.4%라는 결과는 주류 언론에서 설명하는 중도층의 여론과는 사뭇 다르다고 할 수 있다. 중도층에서 윤석열 후보에 대한 반감이 이재명 후보에 대한 반감을 누른 것으로 나타났기 때문이다. 후보별 지지자들의 이념적 분포도 그런 결과를 잘 보여준다.

(단위 : %)

후 보	보수	중도	진보	모름
윤석열	50.6	36.5	7.0	5.9
이재명	13.3	42.0	36.6	8.1

심상정 후보 지지자들의 이념적 비율

진보 21.8%, 중도 53.4%, 보수 12.1%, 모름 12.6%. 이재명 후보와 윤석열 후보에 대한 비호감이 심상정 후보로 옮겨간 측면이 상대적으로 부각되고 있다. 심상정 후보의 선거 전략에 대한 평가가 필요한 부분이다. 노동과 진보적 정체성보다는 여성과 중도층을 겨냥한 전략에 더 집중했다는 것을 의미하기 때문이다. 이것은 민주당 이재명 후보와의 단일화를 거부한 논리와도 맥을 같이한다. 그러나 전체 지지율은 기대 이하로 떨어졌다. 그것이 더 본질적인 문제이다.

후보 결정 시기

투표 1주일 전부터 선거 당일까지라고 답변한 비율이 37.4%였다. 막판 선거 전략의 중요성을 확인해 준다. 후보단일화 효과가 있었다는 증거로 사용될 수 있는 부분이다. 이것은 심상정 후보 지지 여부를 언제 결정했느냐를 물어 봤을 때 더 분명하게 드러난다. 투표 1주일 전부터 당일까지 결정한 비율이 무려 63.7%나 되었기 때문이다.

【보론】 지방선거 결과 분석

더불어민주당

민주당의 지방선거 결과를 자세하게 분석할 수도 있지만, 그것이 크게 중요하다고 볼 수는 없다. 왜냐하면 대선 결과의 연장이라고 볼 수 있기 때문이다. 대선 결과가 박빙 선거냐 아니냐에 상관없이 대선에서 승패가 명확해진 상태에서 유권자들의 일반적 기대심리는 승리한 쪽에 힘을 실어 주는 경향이 있다. 아마 대선에서 차이가 컸더라면 2018년 지방선거에서 민주당이 싹쓸이했던 것과 유사한 결과가 나왔을 것이다. 그러나 박빙 선거였다는 점에서 선방했다고 할 수도 있다.

구 분	2018년		2022년	
	민주당	자유한국당	민주당	국민의힘
광역자치단체장	14	2	5	12
기초자치단체장	151	53	63	145
광역의원	652	137	322	540
기초의원	1,638	1,009	1,384	1,435

서울·경기·인천이 중요하다는 점에서 광역자치단체장, 기초자치단체장, 광역의회, 기초의회 선거 결과를 어떻게 평가할 것인가가 현실적 쟁점이겠지만, 대선과 마찬가지로 국민의힘이 신승했고, 민주당은 아깝게 패배한 곳이 많았다. 그 점에서 이재명 후보의 인천 계양 출마와 송영길 전 대표의 서울시장 출마가 지방선거 결과에 어떤 영향을 끼쳤는지를 둘러싼 논란은 당연한 것이었다.

그러나 그 논란이 두 정치인의 진로를 좌우할 정도의 평가를 받아야 하는지는 평가하는 사람의 입장과 조건에 따라 달라질 수밖에 없다. 만약 경기도지사 선거 패배, 서울·경기·인천의 기초자치단체장 선거의 2/3 이상 패배라는 결과가 나왔다면 두 사람의 출마는 결정적 자충수가 되었을 것이다. 그렇지 않았기에 큰 승리도 큰 패배도 아닌 선방한 수준의 결과라고 할 수밖에 없다.

물론 대선 결과가 박빙이었다는 사실을 고려할 때, 좀 더 체계적으로 대응했다면 더 나은 결과를 낼 수도 있다는 아쉬움은 남을 수 있다. 그러나 그것이 이재명·송영길의 출마 때문이라고 단정하는 것은 논란의 여지가 있다.

정의당

구 분	2018년		2022년	
	정의당	민중당	정의당	진보당
광역자치단체장	0	0	0	0
기초자치단체장	0	0	0	1
광역의원	11	0	2	3
기초의원	26	11	7	17

정의당의 지방선거 결과는 참패로 드러났다. 사실 그것은 예고된 일이었다는 점에서 정의당은 그 후과를 앞으로 감당하지 않으면 안 될 것이다. 무엇보다 그동안 정의당의 정치가 지역 정치보다는 중앙 정치에 집중되어 있었다는 점에서 지방선거의 결과는 이미 예정된 것이었다. 중선거구제의 특성과 후보 개인의 노력이 맞물리는 곳에서만 당선자를 냈다. 기초와 광역의 정당투표 결과가 최악의 상황을 맞은 것이 사실상 대선의 후과라는 점을 정의당이 감내할 수 있을까.

사실 정의당이 대선과 지방선거 평가를 어떻게 하든, 정당이 선거에서 유권자의 지지를 받지 못하면 정당의 존립 근거는 무너지게 된다. 정의당의 정체성이나 이념, 정책을 둘러싼 수많은 논란에도 불구하고 이번 지방선거 결과는 정의당의 지역적 기반의 취약성과 중앙 정치에서의 무능력의 결과라고 할 수밖에 없다. 만약 2024년 총선에서 정의당이 현재와 같은 방식으로 참여한다면 아마도 동일한 결과가 나올 수밖에 없을 것이다. 무엇보다 지역구 후보는 민주당을 찍었지만 정당 투표만큼은 정의당을 찍었다는 유권자들이 대폭 줄어들기 때문이다. 대선에서 이재명 후보와의 단일화를 거부한 결과이다.

반면 진보당이 정의당보다 상대적으로 더 나은 결과를 내게 된 것은 정의당보다 지역 활동을 열심히 한 것도 있지만, 미운털이 덜 박힌 탓이라고 할 수 있다. 다른 대안이 없다면 정의당 표를 진보당이 일부 흡수할 가능성이 높다.

IV
진보정치의 위기와
혁신 논란

한국 정치에서 정당 혁신, 정치 혁신은 단골 의제이다. 주요 정치세력이나 정당들은 선거에서 패배하거나 대중적 지지율이 급락할 때, 또는 조직적 내홍에 시달릴 때 어김없이 정치 혁신, 정당 혁신을 꺼내들었다. 우리나라 유권자들은 그런 정당들의 혁신 논란이 눈 가리고 아웅하는 경우가 많다는 걸 알면서도 '적어도 이 정도는 되어야 하지 않는가'라는 나름의 기준을 축적해 오면서 반응해 왔다. 정당 혁신 논란이 대중적 눈높이에 맞지 않은 경우, 지지율에 큰 변화가 없거나 선거에서 연이은 패배를 선물하곤 했다. 반면 대중적으로 납득할 만한 모습이나 혁신, 그렇지 않더라도 그 시늉이 인정받은 경우 지지율은 다시 회복되었다.

정당 혁신의 대표적 사례

대표적인 경우가 2004년 박근혜 대표의 한나라당 혁신 사례이다. 2004년 3월 24일 총선을 22일 앞둔 시점에 새로 한나라당 대표로 선출된 박근혜는 논란의 중심에 있던 여의도 당사 현판을 떼고 천막 당사로 출근했다. 탄핵 정당, 차떼기 정당이라는 오명에서 벗어나기 위한 고육지책이었다. 당시 한나라당은 50석도 못 얻을 것이라는 비관적 전망이 우세했다. 그러나 선거 결과는 121석이었다. 대중들이 표로 한나라당의 혁신 시도를 인정한 것이다. 이때부터 박근혜 대표는 '선거의 여왕'으로 불리기 시작했다. 한나라당은 그 뒤로도 60여 일간 천막 당사 생활을 더 했으나, 다시 원래 그 정당으로 돌아갔다.

과거 민주당도 선거 때마다 혁신을 외치며 다양한 시도를 했다. 1997년 대선을 앞두고는 DJP연합을 통해 보수세력을 끌어들였고, 김대중 후보를 지지하는 재야 진보세력을 영입했다. 그들 중에는 1987년부터 김대중에 대한 비판적 지지를 해왔던 사람들도 있었지만, 새로 참여한 사람들도 있었다. 1997년 대선 승리 후에는 정치적 기반을 안정시키기 위해 추가 영입과 확대가 이루어졌다. 김대중이라는 강력한 구심을 중심으로 좌우를 아우르는 방식의 통합과 혁신이 진행된 것이다.

2003년 열린우리당 창당 과정은 과거와는 다른 방식의 혁신을 상징한다. 노무현 대통령을 당선시켰던 새천년민주당을 탈당한 개혁파가 한나라당과 개혁국민정당을 탈당한 개혁과 혁신 성향의 세력을 통합하면서 등장했기 때문이다. 잔류 민주당과 한나라당의 노무현 대통령에 대한 탄핵 사태로 열린우리당은 2004년 총선에서 단숨에 152석을 거머쥐는 괴력을 발휘했다. 1987년 이후 민주당 계열이 단독으로 과반 의석을 획득한 최초의 사례였다. 노무현 대통령 탄핵이라는 격동의 정치적 상황 탓이라고 볼 수 있지만, 열린우리당의 창당은 어쨌거나 대표적 혁신 사례라고 할 수 있다.

사실 20대 대선 전후에도 주요 정당과 정치세력들 사이에서는 대선 준비, 대선 패배 등을 둘러싸고 다양한 논란이 벌어졌다. 그 한가운데는 어김없이 정치 혁신, 정당 혁신 문제가 자리하고 있었다.

1. 보수정치의 혁신과 윤석열 정부

2017년 박근혜 대통령 탄핵 사태는 보수정치세력의 생존을 건 혁신 논란을 불러일으켰다. 보수의 궤멸이 거론될 정도의 상황이 도래했기 때문이다. 자유한국당의 양대 축이라 할 수 있는 박근혜 전 대통령과 이명박 전 대통령의 구속 수감은 보수세력이 처해 있는 심각한 위기 상황을 상징적으로 보여주었다. 윤석열 대통령이 국민의힘의 대통령 후보가 될 수 있었던 것도 사실상 보수의 궤멸적 상황을 내부로부터 극복하기 힘들다는 문제의식 때문이다. 진보진영은 이 점에서 보수정치에게 배워야 한다.

그들은 생존의 위기에서 벗어나기 위해 집단지성을 발휘했다. 자유한국당의 기득권을 내려놓고 민주당 비대위원장 출신이었던 김종인을 비대위원장으로 내세웠다. 김종인은 자유한국당의 극우정당·부패정당 이미지를 씻어내기 위해 노력했다. 김종인 비대위원장이 추구했던 것은 중도지향적 보수정당, 민주화운동을 인정하는 보수정당, 호남에서도 지지기반을 갖는 보수정당이었다. 그래서 호남 지역의 민심을 얻기 위해 특별하게 공을 들였다. 자유한국당의 극우세력, 영남우월주의에 기반한 기득권층의 입장에서 볼 때, 그것은 감내하기 힘든 일이었을 수 있다. 하지만 그들은 분노하면서도 감내했다. 정치권력을 장악하고, 무너진 보수세력을 다시 세우기 위해서 어쩔 수 없이 겪어야 할 일로 생각한 것 같다.

사실 당대표 이준석 돌풍은 그러한 바탕 위에서 가능했다. 그런 의미에서 이준석은 김종인과 함께 보수정치를 새로운 차원으로 끌어올린 역할을 했다. 그는 여의도 정치판에서 보기 드문 청년정치인 이미지에 시장주의, 능력주의, 젠더 갈라치기 등을 결합시켰다. 이준석식 보수주의는 그렇게 부각되었다. 젠더 갈라치기나 능력주의를 앞세우는 이준석의 모습을 곱게 볼 수 없다 하더라도 극우의 그늘에서 벗어나 보수혁신을 꾀하는 그의 노력을 과소평가해선 안 된다. 무엇보다 국민, 특히 이대남과 중도 유권자층에 강력한 호소력을 발휘할 수 있었기 때문이다.

물론 역사는 하루아침에 이루어지지 않는다. 한국 보수의 특성을 고려할 때 김종인·이준석·유승민 같은 혁신보수세력이 보수의 주류로 자리잡기란 쉽지 않다. 그들을 견제하는 움직임은 이미 다양한 방식으로 드러났다. 윤석열 대통령 스스로가 그들을 활용하면서도 부담스러워했다는 것도 이미 확인되었다. 윤석열 대통령은 후보 시절 김종인과 결별했고, 이준석과 여러 차례 갈등 상황을 연출했다. 그리고 대통령 당선 후 사실상 친위 쿠데타로 이준석을 당대표직에서 끌어내렸다. 윤석열 대통령은 이준석만 아니라 유승민도 끌어내렸고, 나경원도 끌어내렸다. 그리고 윤석열 당선의 일등공신이었던 안철수도 사실상 허수아비로 만들었다. 국민의힘은 살아있는 권력인 윤석열 대통령 중심으로 재편되었다.

그렇다고 해서 국민의힘이 영원히 윤석열 대통령의 사당私黨이 될 것이라고 단정할 수 없고, 그래서도 안 된다. 한국 보수 정당의 역사가 그렇게 단순하지 않기 때문이다. 단지 권력 중심으로 움직이는 보수정치세력의 속성 때문에 그렇게 보일 뿐이다.

이처럼 국민의힘은 박근혜 대통령 탄핵 사태를 겪고도 살아났다. 다가오는 2024년 총선 결과는 윤석열 정권과 국민의힘이 또 다른 혁신 이미지를 창출하기 위한 전환점이 될 것이다. 아마 1당이 되지 못하거나 민주당의 과반을 허용한다면 새로운 혁신 움직임이 전면화할 것이다. 2026년 지방자치 권력의 향배를 다투는 선거가 있고, 2027년 대통령선거가 있기 때문이다. 패배할 경우 그들은 윤석열 대통령을 밟고 갈 것이다. 새로운 권력을 준비해야 하기 때문이다. 권력을 뺏기면 다시 민주당 정권을 받아들여야 하므로 그들의 노력은 필사적일 것이다. 그런 의미에서 국민의힘과 보수는 끊임없이 혁신할 것이다. 그것이 일시적인 속임수이거나 무늬만 혁신일지라도, 표를 얻고 권력을 장악하는 데 필요한 정도까지는 혁신할 것이다. 앞으로 안철수와 오세훈, 이준석과 유승민 등은 그들의 발톱을 드러낼 수밖에 없다. 이미 그들은 예고하고 있다. 그것을 무시해서는 안 된다.

지난 역사에서 보여주었던 한국 보수정치의 혁신 노력을 냉정하게 인정해야 한다는 것이 윤석열 정부를 매우 뛰어난 보수 정부, 보수혁신 정부라고 부른다는 뜻은 아니다. 익히 알고 있다시피 그는 기대 이하의 인물이고, 실제로 기대 이하의 능력을 보여주고 있다. 그는 자신의 부족한 점을 보수 관료들과 정치인들을 활용해서 메꾸고, 중요 요직에는 확실한 충성파인 검사들로 채우고 있다. 그는 애매하고 눈치보는 사람보다 극우라 할지라도 자신에게 충성할 사람들을 중시한다. 윤석열 대통령이 여론의 반발을 무시하고 독단적으로 기용하는 인사 행태가 이를 반증한다.

그러나 철저하게 자기 세력 중심으로 당을 운영하고 반대 세력은 검찰 수사하듯이 쫓아내는 스타일, 재클린 케네디와 오드리 햅번을 흉내내는 김건희 여사의 행동 등으로만 윤석열 정부를 이해해서는 안 된다. 그는 보수세력의 오랜 숙원을 해결하고 있다. 그것이 그의 신념이든, 무식하면서도 잘난 체하는 그의 성정을 보수세력이 이용한 것이든 간에 그는 한국 보수세력이 원하는 확실한 미래를 선사하고 있기 때문이다. 복합위기 시대에 노동과 약자보다는 기업과 강자의 이익을 지키기 위한 조치들, 원전마피아를 부활시키면서 재생에너지 산업을 짓밟는 행위들, 철저한 대미편승 외교안보 체제의 구축과 한·미·일 군사협력의 제도화 등…. 우리는 윤석열의 검찰주의와 김건희의 과시 욕구에 대한 비판을 넘어, 그들이 공고히 하고 있는 한국 보수의 미래가 만들어낼 비극적 상황을 걱정해야 한다.

다른 한편 윤석열 대통령의 무지와 무능, 무책임, 독선과 횡포는 민주당이나 진보진영에게는 새로운 기회를 의미한다. 그 결과 특별한 반성과 혁신 없이도 민주당은 국민의힘의 대안으로 떠오르고 있다.

그러나 국민들은 문재인 정부의 과오를 잊었을까? 민주당을 바람직한 대안이라고 생각하고 있을까? 만약 김종인·이준석·유승민과 오세훈·안철수 등이 윤석열 대통령과 완벽한 하모니를 이뤘다면 우리는 민주선거를 통해 보수가 장기집권하는 사태를 지켜봐야만 했을 수도 있다. 민주당이나 진보정치세력들은 윤석열 대통령이 무능하고 독선적이라는 사실을 그나마 다행이라고 생각해야 할 것이다.

김종인·이준석·유승민의 보수혁신정치는 윤석열에게서 멈췄다. 윤석열 정부의 실패는 이미 예고되고 있는 상황이다. 윤석열 대통령은 그런 미래를 받아들이기 힘들 것이다. 그래서 끈질기게 그것을 바꾸려고 한다. 출범 초기부터 바닥을 기고 있는 윤석열 대통령의 지지율은 역설적으로 그런 윤석열 대통령의 오기와 고집을 더 부추기고 있는 듯하다. 아마도 1차 평가는 2024년 총선에서 드러날 것이다.

사실 총선 결과 국민의힘이 의회 의석 과반을 넘지 못하는 2당의 위치에 계속 머무르게 된다면, 또 무슨 수를 쓰든 과반을 만들 수 있는 길이 보이지 않는다면 윤석열 정부는 급격하게 무너질 수도 있다. 그럴 경우 차기를 꿈꾸는 국민의힘 대선주자들은 윤석열 정부와의 차별화를 시도하며 본격적으로 움직이기 시작할 것이다. 새로운 보수, 혁신보수, 윤석열 정부와는 다른 보수를 강조하는 사람들이 많아질 것이다. 오세훈·안철수·나경원·홍준표 등의 각축이 본격화할 것이고, 김종인·유승민·이준석 등의 행보도 언론의 주목을 받을 것이다. 미래의 권력을 위한 보수세력의 치열한 각축이 새로운 역사를 만들어낼 수도 있다.

특히 2026년 서울과 수도권에서의 지방선거 결과는 2024년 총선 이후의 정치 상황에 대한 중대한 평가이자 2027년 대선의 향배를 가를 획기적인 전환점이 될 것이다. 민주당은 이재명 대표가 유력 대선주자로 계속 존재하든, 아니면 다른 사람이 새롭게 부각되든 보수세력의 새로운 흐름과 대결해야만 할 것이다. '이명박근혜'를 동일시하려 했던 2012년 민주당의 대선 전략은 실패했다. 과연 2027년 민주당은 2012년과는 다른 모습을 보여줄 것인가?

2. 민주당의 위기와 혁신 논란

대선 전부터 많은 사람들이 민주당의 혁신을 주장했다. 그러나 혁신은 이루어지지 않았다. 대선 패배와 지방선거 패배 이후에도 민주당의 혁신을 둘러싼 논란이 끊이지 않았다. 그러나 실질적인 의미의 혁신은 이루어지지 않았다. 혁신의 필요성을 주장하는 사람들도, 혁신의 대상들도 불명확했다. 문재인 정부의 실패 요인에 대한 평가와 민주당의 혁신 문제가 뒤섞였다. 혁신의 쟁점은 언론에 의해 만들어졌다. 본질적인 문제보다 선정적으로 선택하고 부각시킨 쟁점들만 혁신 논의와 연결되었다. 소득주도성장과 부동산 정책 등 정책 실패를 둘러싼 논란, 도덕성과 내로남불, 586의 기득권화, 심각한 계파 갈등이 주요 쟁점이었다. 언론은 민주당과 문재인 정부를 비판하는 방식으로 문제제기를 했고, 당내에서는 계파 갈등의 맥락에서 혁신 문제가 제기되었다. 발등의 불을 끄는 방식의 대응이 일상화되었고, 그 속에서 온갖 꼼수와 말바꾸기가 당연시되었다. 그런 면에서 본다면 선거 패배는 어느 정도 예고되었는지도 모른다.

대통령선거와 지방선거 패배 이후에도 패배의 원인과 문제점에 대한 근본적 검토보다는 계파적 이기심에 따라 선거 평가가 이루어졌고, 반성과 혁신을 위한 본질적 문제는 다루어지지 않았다. 윤석열 대통령과 김건희 여사의 비상식적이고 무도한 행위들이 부각되면서부터는 정부에 대한 비판과 공격의 중요성이 혁신 논의를 대체하기 시작했다. 검찰의 집중 공격을 받고 있던 이재명 대표와 친명계는 당면 투쟁을 중시했고, 비명-반명계는 사법리스크 극복과 이재명 대표 퇴진을 혁신의 최우선 과제로 부각시켰다. 그 결과 윤석열 정부에 대한 부정적 평가가 60%를 넘나드는 상황에서도 민주당에 대한 국민적 지지도는 국민의힘과 크게 다르지 않거나 대안 부재의 롤러코스터 상황만 보여줄 뿐이었다.

연이은 선거 패배와 혁신 논란

20대 대선에서의 아까운 패배, 그리고 지방선거에서의 패배로 2016년 총선, 2017년 대선, 2018년 지방선거, 2020년 총선으로 이어지는 네 번의 선거에서 승리[35]했던 민주당은 패배의 쓴맛을 강하게 느끼지 않을 수 없었다. 이는 곧 생존을 위해 혁신하지 않으면 안 되는 상황이 되었다는 것을 의미한다.

그러나 박근혜 대통령 탄핵 이후 보수정치세력이 생존을 위해 혁신했던 과정과 민주당의 혁신 과정은 절박함에서 너무도 달라 보인다. 한마디로 가진 게 많고, 내놓기 싫은 게 많기

---

35 이런 결과는 민주당의 역사에서 유일무이한 것이다. 1987년 이후 민주당은 이렇게 네 차례의 선거에서 연속적으로 승리한 적이 한 번도 없었다.

때문일 것이다.

선거 패배에 대한 평가는 진정성 있게 이루어지지 않았다. 친명계에서는 '졌잘싸'가 지배했고, 비명계에서는 '이재명 2선 후퇴론'이 중심이 되었기 때문이다. 계파별 평가, 의원 중심의 소그룹들에서 진행된 평가도 논의만 무성했지, 당 차원의 논의로 발전하지 못했다. 선거에서 진 정당이 패배 원인에 대한 전략적 평가와 반성보다 소모적인 당내 권력투쟁에 집중하고 있다는 것이 언론에 비친 민주당의 모습이었다.

이처럼 민주당의 혁신은 말만큼이나 쉽지 않은 문제이다. 무엇보다 혁신의 대상이라 할 수 있는 친문·친이계가 민주당의 주류이기 때문이다. 친문이자 반이계인 이낙연·정세균계가 당의 혁신을 주장하고 있으나, 그들 역시 사실상 낡은 민주당의 기득권층이었다는 점에서 근본적인 한계를 갖고 있다. 대선 패배는 단지 후보만의 문제가 아니라 문재인 정부의 실패, 당의 무능이 총체적으로 반영된 결과였다는 점에서 무엇을 강조하느냐에 따라 논란이 되는 모든 계파가 책임져야 했기 때문이다. 그러나 어떤 계파도 실질적 책임을 지려고 하지 않았다.

친명계는 비명계가 주도하는 다수 의원들의 기득권 문제를 중심으로 부각시켰다. 그동안 비주류였던 이재명계가 오히려 민주당의 혁신을 더 잘할 수 있다는 주장은 그런 맥락에서 나왔다. 비명계와 검찰의 공격은 '이재명 죽이기'라는 동일 맥락의 다른 표현으로 간주되었다. 그러나 이재명 대표와 친명계는 그 이상의 미래 비전과 혁신적 정치 노선을 보여주지 못했다. 비전 제시보다 생존이 더 급하다는 평가가 있기도 하지만, 정치에서 비전 없이 생존하기란 힘들다.

또한 특정 계파와 직접적 관계가 없다고 여겨지는 조응천·박용진·김해영 의원의 혁신 주장도 당내 기득권 구조를 뒤흔들지 못했다. 친명계는 물론이고 비명계의 호응조차 많이 이끌어내지 못했다는 점에서 그들의 문제제기는 근본적 한계가 있다. 그들이 내놓는 혁신의 내용과 그것을 제기하는 방법에서 국민의힘이나 조선일보식 민주당 비판을 뛰어넘지 못했기 때문일 것이다. 과거 노무현 대통령이 동교동계와 싸웠던 것처럼, 미래를 위한 열정과 확신을 보여주지 못한 것이다. 그들이 검찰과 싸우면서 이재명을 보호하고 이재명의 노선과 전략, 약점을 공격했다면 상황이 좀 더 나아지지 않았을까. 안타깝게도 현실은 그렇지 못했다.

그런 점에서 그들은 유시민 작가에게 배워야 한다. 유시민은 가장 적극적으로 이재명 대표를 옹호하면서도 적절하게 거리를 두고 있다. 그는 이재명과 싸우지 않으면서도 다름을 드러내고 있고, 대중적 지지도 만만치 않다. 아마 한국 정치의 시대적 상황은 그런 유시민 작가의 정치적 잠재성을 그의 의사와 상관없이 가만두지 않을 것이다.

언론을 통해 부각된 586 책임론과 용퇴론

한동안 586세대의 퇴진이 민주당 혁신의 본질인 것처럼 부각된 적이 있었다. 조선일보를 비롯한 보수언론과 한겨레·경향을 포함한 진보언론이 앞다퉈 586의 기득권화와 내로남불을 비판했다. 그로 인해 586은 만악萬惡의 상징이 돼버렸다. 또한 문재인 정부 심판론과 586 책임론은 동전의 양면처럼 비춰졌다. 586을 대표하는 주요 인사들의 비리와 도덕적 문제가 실제로 있었다는 점에서 나름 의미 있는 측면도 있지만, 세대 전체를 문제삼고 악마화함으로써 민주당과 문재인 정부에 대한 정치공세적 낙인 찍기에 가까웠다.

그러나 민주당의 우상호 의원과 송영길 대표가 사실상 이를 수용하면서 부각시킨 '586 용퇴론'은 또 다른 정치공세적 성격이 강했다. 언론에 의해 부각된 586 책임론을 희석시키면서 당내 비명계의 중심인 586 주류 운동권의 사실상 동반 퇴진을 요구한 것이기 때문이다.

'586 책임론'이나 '586 용퇴론'은 일종의 세대론적 관점에서 기득권의 상징이 된 586이 일선에서 물러나야 한다는 주장이다. 97세대(90년대에 대학에 입학하고 70년대에 태어난 세대)론이 등장하는 맥락과 같은 의미이다.

그런데 이러한 주장은 정치적 공세로서는 의미가 있을 수 있어도 그다지 합리적이라고 할 수 없다. 무엇보다 책임 있는 정치인들의 문제점을 세대 전체의 문제로 뒤섞음으로써 한편으로는 개개인의 책임 논란을 피하고, 다른 한편으로는 세대 전체를 배제하려는 정치적 의도가 담겨 있기 때문이다. 실제로 국민의힘이나 보수언론만이 아니라 민주당과 진보언론조차도 그런 맥락에서 이를 활용했다고 할 수 있다.

그런데 이 논란이 희극적인 것은 누구나 그 대안으로 '세대교체'를 내세우고 있지만, 국민의힘의 이준석과 같은 세대교체의 실질적인 대표주자가 보이지 않는다는 사실이다. 1970년 김영삼의 40대 기수론이 언론의 주목을 받고 신민당의 혁신 논리를 대변할 수 있었던 것은 김대중·이철승 같은 40대 정치인들이 낡고 늙은 신민당의 대표주자들을 갈아치우는 투쟁의 선봉에 섰기 때문이다.

그러나 민주당은 97세대든, 그 이후 세대든 586과 정면으로 맞서면서 새로운 전략과 노선을 제기하지 못했다. 또한 대중적 관심과 호응도 이끌어내지 못했다. 결국 586 책임론과 용퇴론은 '앙꼬 없는 찐빵' 신세를 면키 어려웠다.

586 책임론이나 용퇴론의 한계에도 불구하고, 그것이 민주당 586들에게 던진 합리적 메시지는 새겨들을 필요가 있다. 무엇보다 586이 80년대 민주화운동 경력을 훈장처럼 내세우면서 기득권화되었다는 것이다. 국회의원이나 지방의원, 지방자치단체장 등 주요 권력을 장악하고, 주요 기관에 포진하면서 국민의힘이나 보수세력 못지않게 한국 사회와 정치를 좌

우하는 기득권 세력의 한 축으로 굳건히 자리잡았다는 의미이기 때문이다.

바로 그것은 민주당 586들의 도덕성과 내로남불 문제로 이어진다. 기존 보수세력과 다를 바 없는 부패하고 부도덕한 질서의 한 축이 되었다는 것이다. 논문 표절이나 자식 교육, 재산 형성 문제와 부패 사건들이 터질 때마다 국민의힘이나 민주당이 크게 다르지 않는 모습으로 비춰진다. 보수언론은 비판의 강도를 높이며 민주당의 책임을 더 크게 부각시킨다. 국민의힘이나 보수세력은 원래 그런 존재들이지만, 민주당은 안 그런 척 하면서 그러니 더 문제라는 식이다. 물론 이는 민주당이 뼈아프게 받아들여야 하는 대목이다.

그러나 그것을 도덕의 문제, 내로남불의 문제로 제기하는 순간 관련 개인에 대한 처벌·징계 문제로 축소된다. 물론 그조차도 제대로 이루어지지 않으면서 논란을 불러일으키지만, 더 근본적인 요인들에 대한 분석과 검토가 사라지고 있다는 점에서 안타깝다.

586의 기득권화는 민주당의 주요 정치인들이 잘못된 구조와 대결하는 대신 현실과 타협한 결과라고 할 수 있다. 586을 포함한 민주당 정치인들이 정치적 비전과 노선, 진보적 정체성을 둘러싼 실천적 긴장감을 잃어버렸기 때문이다.

따라서 민주당의 조직과 정치 문화가 그런 실천적 긴장감을 회복하도록 해야 한다. 그것이 본질이다. 그렇다고 문제를 일으킨 개개인에 대한 처벌이나 징계를 하지 말자는 뜻은 아니다.

민주적이지 못한 선거제도

더불어민주당 지도부 선거 과정에서 논란이 되었던 것은 선거 방식이었다. 많은 사람들을 놀라게 했던 것은 민주당의 지도부 선출 방식이 국민의힘보다 더 후진적이라는 사실이었다(물론 국민의힘은 당원 50% +국민여론 50%로 되어 있는 선거제도가 민주당 지지자들의 '역선택'을 허용한다면서 100% 당원투표로 바꾸었다. 당연히 그 속내는 당선 가능성이 높은 반윤계 유승민을 배제하기 위한 것이었다).

김대중, 노무현으로 이어지는 민주당의 역사는 한국 사회의 민주화만이 아니라 한국 정당 문화의 민주화를 선도해 왔던 과정이었다. 그러나 어느 순간부터 민주당의 당내 민주주의는 후퇴하기 시작했다. 2022년 당 지도부 선거를 둘러싼 논란은 이를 극명하게 보여주었다.

지금 민주당이 채택하고 있는 국민참여 경선은 미국 민주당의 오픈 프라이머리open primary를 수용한 것이고, 권리당원 제도는 유럽 진보정당의 진성당원제도를 본뜬 것이다. 국민여론을 중시하는 미국식 원내정당 개념과 진성당원의 적극적 참여를 바탕으로 선도조직 역할을 하는 서구의 이념정당 개념이 뒤섞여 있다고 할 수 있다.

그런데 민주당의 영향을 받은 국민의힘은 그 장점을 받아들여 당대표 선거나 공직후보 선출 과정에서 당원 의사 50%, 국민여론 50%로 깔끔하게 조율한 반면, 정작 그것을 도입하는 데 앞장섰던 민주당은 중앙위원, 대의원, 권리당원, 일반당원의 의사를 차등 적용하고, 국민여론 반영 비율도 현격하게 축소시켰다. 정당 내 대의제도의 뿌리라고 할 수 있는 대의원 제도는 권리당원들의 뜻을 대표하기는커녕 의원들의 기득권을 관철시키는 수단이 되어 버렸다. 당내 기득권을 유지하기 위해 미국과 유럽의 선진적인 제도가 민주당 내에서 기형화된 것이다. 2022년 8월 치러진 당대표 선거 때 개선된 안[36]도 근본적 한계를 갖고 있다.

민주당은 더 민주적이 되어야 한다. 민주당 내부 문제라고 덮어둘 것이 아니라 스스로를 민주화하면서 한국 사회의 민주주의 수준을 끌어올리고 진보적 변화를 이끌어내는 생산적 긴장감이 작동하도록 만들어야 한다. 그것만이 계파 중심 정치로 과두화寡頭化되고 있는 민주당을 당원들과 국민에게 돌려주는 길이다. 그것만이 정치꾼이 아니라 제대로 된 정치인들을 키우는 길이지 않겠는가?

---

36 대의원 30%, 권리당원 40%, 국민여론조사 25%, 일반당원 여론조사 5%로 대표와 최고위원을 선출하였다. 기존 안을 일부 개선하였지만 근본적으로 투표 가치 차등 문제를 해결하지는 못했다. 국민여론 반영 비율도 여전히 논란거리였다.

민주당의 이념과 정체성은 무엇인가?

김대중 전 대통령은 미국의 민주당과 독일의 사회민주당이 추구하는 진보적 정책들을 한국적 현실에서 재해석하고 통합하려고 무던히도 애를 썼다. 인권, 경제, 복지, 외교안보, 평화와 통일 영역에서 그가 남긴 발자취는 현재의 민주당을 만든 기초이기도 하다.

김대중 대통령의 장점을 계승하고 단점을 보완하려 노력했던 노무현 대통령은 '유러피언 드림European Dream'을 꿈꾸면서 자기만의 진보 개념을 만들기 위해 치열하게 토론했다. 노무현 대통령의 진보 개념은 김대중 대통령에 비해 유럽식 진보 개념에 더 가까웠고, 토니 블레어의 '제3의 길' 노선과도 많이 닮아 있다. 노무현 대통령은 '제3의 길' 노선과 경직된 진보를 비교하면서 유연하고 개방적인 진보를 강조했다. 그것을 "좌측 깜빡이 켜고 우회전"했다고 비판하는 사람들이 많았지만, 노무현 대통령은 그 길을 포기하지 않았다. 그것을 시대적 상황과 대결하면서 수용한 자신의 진보 노선이라고 확신했기 때문이다.

당시 민주당 내 '민주연합론'을 대변하는 대부분의 사람들은 노무현 대통령의 입장을 비판했다. 당시 그들의 비판과 민주노동당의 입장은 크게 다르지 않았다. 그러나 민주연합론자들은 그런 자신들의 입장을 발전시키지 못했다. 그렇다고 자기반성을 한 것도 아니다. 시대 흐름에 묻혀 갔을 뿐이다. 그 결과 "수數는 많은데 인물은 없다"는 민주당 586 문제가 드러났다. 그리고 '민주연합론'은 사실상 붕괴했다.

586세대나 97세대를 막론하고 현재 민주당의 주도 세력은 김대중과 노무현 대통령처럼 치열하게 현실과 맞서면서, 자신들의 진보적 비전과 가치, 정책들을 만들어내지 못하고 있다. 김대중 대통령이 만들어낸 '중산층과 서민의 정당'이라는 자구를 내걸고 애매모호한 중도통합, 국민통합정당을 주장하고 있는 것이 고작이다. 유럽식 사회민주주의이든 미국식 사회적 자유주의이든 치열한 고민을 고쳐 우리 현실에 맞는 평화와 안보 전략을 바탕으로 21세기 상황에 걸맞은 새로운 진보, 민주당식 진보의 길을 제시할 수는 없는 걸까?

문재인 정부 5년의 경험은 무늬만 진보, 관성적 진보가 얼마나 큰 문제를 안고 있는지를 생생하게 보여주었다. 애매모호한 정치담론에 의지하는 것이 아니라 진보적 가치와 정책의 현실타당성을 고민하면서 민주당식 진보의 새로운 길을 둘러싼 토론이 치열하게 벌어지면 좋겠다. 민주당 내에서 좌우파 논쟁이든, 보수-진보 논쟁이든 한국 정치의 미래를 좌우하는 멋진 토론이 벌어질 수는 없는가?

2022년 8월 당대표 선거는 민주당의 문제를 적나라하게 드러내 주었다. 패장인 이재명 후보가 출마해서 제대로 된 평가와 토론이 어려웠다는 지적은 일면적이다. 오히려 이재명 후보를 비판하는 사람들의 주장과 대안이 당원들이나 언론의 관심을 받지 못했다고 보는 것이 더 정확한 평가가 아닐까. 이재명 후보의 대선 공약을 정면으로 건드리는 사람도 없었고, 이재명 후보의 이념과 노선을 문제삼지도 못했다. 사법리스크만이 주요 쟁점으로 보도되었을 뿐이다. 결국 이재명 당대표가 선출되면서 민주당 내 선거 평가와 혁신 논란은 물밑으로 가라앉았다.

새로고침위원회 보고서 평가[37]

2022년 8월에 발간된 더불어민주당 새로고침위원회의 보고서 「이기는 민주당 어떻게 가능한가」는 많은 점에서 매우 의미 있는 조사 결과를 보여주고 있다. 보고서는 총 3,000명에 대한 설문조사 결과와 102명을 12그룹으로 나누어 실시한 표적집단심층면접FGI 결과를 바탕으로 '이기는 민주당'을 위한 대안 전략을 제시하고 있다. 이 보고서는 현재의 민주당을 지지하고 있는 지지자들의 특성과 그들 사이에서 제기된 쟁점과 평가들을 세부적으로 담아내면서 귀납적으로 대안 전략을 도출하고 있다는 점에서 긍정적 평가를 받고 있다.

---

37 새로고침위원회, 「이기는 민주당 어떻게 가능한가」, 더불어민주당 새로고침위원회 미래비전 리포트(2022.8).

그러나 정량평가와 정성평가 결과를 평면적으로 반영하다 보니 정치적 역동성을 설명하지는 못한 것 같다. 6개의 지지자 그룹과 각각의 그룹을 대변하는 정치인들이 뒤섞여 벌어지는 뜨거운 토론과 치열한 경쟁을 생각해 보라. 그런 토론과 경쟁이 만들어낸 생산적 효과는 민주당을 생동하는 미래 정당으로 만들지 않겠는가?

새로고침위원회 보고서는 응답자를 6개의 그룹(평등·평화 그룹, 능력주의 보수 그룹, 친환경·신성장 그룹, 반권위 포퓰리즘 그룹, 민생 우선 그룹, 배타적 개혁우선 그룹)으로 나누고, 그중 평등·평화 그룹, 친환경·신성장 그룹, 배타적 개혁우선 그룹을 민주당의 핵심 지지 기반으로 보았다. 특히 국민의힘과 치열하게 대결하고 있는 친환경·신성장 그룹을 집중공략해야 할 우선 타깃primary target으로 설정했다. 평등·평화 그룹의 독보적 지지세를 기반으로 친환경·신성장 그룹의 지지를 확보할 수 있다면 유권자 과반 확보의 길이 열린다는 '선거공학'적 접근이 '이기는 민주당의 길'이라는 것이다.

그러나 이 보고서의 근본적 한계는 민주당을 대변하는 정치인이 어떤 이념과 소신을 갖고, 어떤 인생 서사敍事가 있으며, 토론과 연설 능력 등의 자질은 어떠한가 등을 고려하지 않고 있다는 것이다. 다시 말해 민주당 내에 제대로 된 정책과 노선 경쟁의 중요성을 부각시키지 못하고 있다는 말이다. 비전과 노선을 매개로 한 정책과 인물 경쟁을 생산적으로

% (가로 합 100%)	사례 수	더불어 민주당	국민의힘	정의당	기 타	무당층
전 체	(3,000)	34.3	25.2	5.2	0.7	34.6
평등·평화 그룹	(1,132)	50.7	9.5	6.4	0.6	32.8
능력주의 보수 그룹	(644)	10.1	48.7	3.3	0.8	37.2
친환경·신성장 그룹	(564)	33.7	31.9	6.8	0.0	27.6
반권위 포퓰리즘 그룹	(278)	29.0	22.0	2.5	1.5	45.0
민생우선 그룹	(193)	29.3	23.2	4.6	0.9	42.0
배타적 개혁우선 그룹	(189)	34.0	26.2	3.7	1.0	35.1

정착시키면서 민주당의 실력과 문화를 만들어 가는 문제를 제대로 거론하고 있지 않기 때문이다.

　물론 보고서의 성격상 그것까지 담아내기 어렵다고 넘어갈 수도 있지만, 설문 문항 중에 민주당 내의 토론과 경쟁을 위한 제도와 문화에 대한 언급이 거의 없다는 점에서 애초부터 관심사가 아니었는지도 모르겠다. 그렇게 볼 때 6개의 그룹을 구분하는 기준, 설문 자체도 문제삼을 수 있다고 본다. 왜냐하면 평등·평화 그룹을 둘러싼 논란도 한두 가지가 아니며, 그들이 다른 그룹들에 미치는 영향도 만만치 않다고 보기 때문이다. 친환경·신성장 그룹을 둘러싼 설문 항목도 마찬가지다. 결국 정치적 현실과 역동성을 담아내는 데 근본적 한계가 있다는 말이다.

더군다나 유권자들의 이념적 지형과 현재 민주당의 대표적 정치인 또는 예비정치인들의 이념적 지형을 기계적으로 동일시할 수 없다는 점에서 보고서의 한계는 분명하다. 물론 이런 판단을 내릴 수 있는 것도 다른 정당에서 찾아보기 힘든 새로고침위원회의 보고서가 있었기에 가능한 일일 것이다.

지금 민주당에는 자유주의적 보수, 사회적 자유주의, 사회민주주의, 진보적 민족주의, 생태주의와 페미니즘 등 다양한 이념적 지향의 지지자들과 정치인들이 섞여 있다. 그런데 노무현 전 대통령 사후 민주당의 가장 고질적인 문제는 김대중·노무현 같은 멋진 정치인이 자랄 수 있는 공론장, 제대로 된 토론과 경쟁의 문화가 만들어지지 않았다는 것이다. 김대중·노무현·문재인 대통령을 넘어서는 정치인이 나올 수 있는 풍토, 이재명 대표와 경쟁하는 새로운 인물이 나올 수 있는 풍토가 만들어져야 한다. 그것이 민주당 혁신의 핵심 과제라고 할 수 있다. 사실 그조차도 새로운 인물들의 투쟁을 통해서 만들어지는 것이 가장 '정치'적인 것이다. 지금 민주당에는 '제도'만이 아니라 '인물'도 없기 때문이다.

사실 민주선거에서는 정책도 중요하지만 후보자도 중요하다. 중도적 색채의 정책을 지지하는 사람이 많아도 그것을 대변하는 후보자가 약하다면 힘을 가지는 데는 한계가 있을 수밖에 없다. 만일 진보적 색채의 정책을 내건 후보자의 대중적 기반이 훨씬 더 탄탄하다면 중도지향적 노선과 타협하여 진보적 후보가 출마할 수도 있다. 미국 민주당의 힐러리·오바마·샌더스처럼 이념과 정책적 특성이 뚜렷하게 차이나면서도 '민주당'이라는 틀 안에서 경쟁하고 협력할 수 있는 모델을 만들어내는 것이 바람직하다는 것이다.

그런데 현재 더불어민주당은 그런 풍토를 만들어내지 못하고 있다. 이른바 'all or nothing'이라는 승자독식의 논리가 당을 지배하고 있다. 양당제의 폐단이 당내 민주주의까지 갉아먹고 있는 것이다. 그것을 팬덤이나 다른 문제로 치환해서는 안 된다.

재집권의 길과 진보정치

더불어민주당의 위기를 정권을 빼앗겼느냐 그렇지 않느냐의 문제로만 접근하게 되면 자칫 선거공학적 대안이 부각될 수 있다. 한국의 오랜 정당정치의 체질상 이념과 정책보다는 선거공학과 흑색선전에 의존하는 선거 전략이 위기 극복 방안으로 제시될 수 있기 때문이다.

실제로 민주당 주변의 많은 사람들은 윤석열 정부의 낮은 지지율과 국민적 반발을 거론하면서 민주당의 부활을 예고하고 있다. 특별한 혁신 노력이 없다고 하더라도 2024년 총선과 2026년 지방선거, 2027년 대선에서 승리할 가능성이 높다는 것이다. 그들은 선거공학에 능한 사람들답게 지난 선거 과정을 거론한다. 그러나 그런 사람들은 선거공학에 질린 유권자들의 마음이 어떻게 흘러가고 있는지를 모르고 있다는 점에서 현실적이지 못하다. 또 그렇게 집권했다 한들 무얼 얼마나 바꿀 수 있을 것인가?

2024년 총선은 민주당이나 국민의힘의 완승, 완패로 귀결되지 않을 가능성이 높다. 그 이유는 지난 2020년 총선에서 민주당이 너무 많은 의석을 획득했고, 국민의힘은 상대적으로 적은 의석을 확보했기 때문이다. 그래서 민주당 의석은 줄어들고, 국민의힘 의석은 많아질 수밖에 없다고 본다. 그것을 뒤집을 정도로 민주당 의원들이 잘했다고 할 수는 없기 때문이다. 따라서 1~2위 간의 차이가 크지 않을 가능성이 높다.

물론 그것은 지금까지의 수준에 비추어 봤을 때이다. 한국 정치의 역동성을 고려한다면 2024년 총선을 앞두고 대격변이 벌어질 수도 있다. 어쨌거나 민주당이 1당이 되느냐, 국민의힘이 1당이 되느냐는 이재명 대표의 운명이나 윤석열 대통령의 향후 국정운영 동력에 큰 영향을 미칠 것이다.

문제는 2024년 총선이 정당교체, 정치교체가 이루어지지 않는 총선이 될 가능성이 높다는 것이다. 윤석열 정부에 대한 제대로 된 중간평가라고 한다면 민주당이 압승해야 한다. 그러나 현재의 민주당으로서는 그런 지지를 얻어내기 힘들다. 무엇 때문일까? 이념과 정책, 정치 행태와 리더십 등에서 새로움을 보여주지 못하고 있기 때문이다. 이재명 대표 사퇴론이 많지만 그를 대신할 새로운 리더가 부각되지 않고 있다. 이낙연·정세균·박용진·조응천·김해영 등을 누가 이재명 대표의 대안이라고 생각할 것인가?

이재명 대표의 사법리스크가 문제가 아니라 민주당이 국민의힘과 윤석열 정부의 확실한 대안으로 다가서지 못하고 있다는 것이 핵심적 문제라고 할 수 있다. 그 점에서 총선보다 대선이 더 문제라 할 수 있다. 2027년 대선은 윤석열과 이재명의 대결이 아닐 것이기 때문이다. 현재의 구도라면 오세훈과 이재명, 또는 안철수와 이재명의 대결이 될 가능성이 크다. 물론 나경원이나 한동훈이 될 수도 있을 것이다. 또 민주당에서도 이재명이 아닌 다른 인물이 등장할 수도 있다. 따라서 문제의 핵심은 이재명이냐 아니냐가 아니라는 것이다. 이재명 대표든 다른 누구든 윤석열 정부의 실정에도 불구하고 민주당이 다음 대선에서 이기는 것이 쉽지 않을 수 있다는 평가가나오는 것이 현실이다.

남북 관계와 국제정치, 국내외 경제 상황을 고려해 볼 때, 2027년에는 보수세력에 유리한 유권자 지형이 만들어질 가능성이 높다. 물론 민주당과 민주당의 후보가 윤석열 정부나 보수적 후보들보다 더 강렬한 평화지향과 남북 관계 개선, 노동과 일자리, 경제성장과 복지정책에서 확실한 우위를 보여준다면 현재의 유권자 지형은 달라질 수도 있을 것이다.

문제는 그런 상황이 저절로 만들어지지 않는다는 것이다. 이재명 대표와 민주당이 그렇게 만들어 가야 한다. 민주당이 윤석열 정부와 국민의힘을 정치적으로 압도하고, 민주당에 국민의힘보다 더 훌륭한 정치인들, 신념과 정책적 비전을 갖고 있고 대중적 지지를 받는 지도자가 많아져야 한다.

다시 말해 민주당의 대중적 지도자들이 진보적 가치와 정책을 둘러싼 치열한 토론을 주도하고, 역동적이고 멋진 경쟁의 무대를 만들어내야만 2026년 지방선거와 2027년 대선을 주도해 나갈 수 있다. 낡은 민주당, 재미없는 민주당이 아니라 새로운 민주당, 재밌고 진취적인 민주당의 모습을 만들어야 한다는 것이다.

3. 정의당의 위기

존립 위기에 처한 정의당의 반성과 평가 논의는 안타깝다. "민주당과의 연합을 강조하려거든 당을 떠나라"는 말이 당의 비대위원들 사이에서 가감없이 흘러나왔다. 이질적인 정체성을 갖고 여러 세력이 공존하고 있는 당의 현실에 비추어 볼 때 그것을 감당할 수 없으니 나가라는 폭력적인 언사로 비춰진다. 전형적인 '뺄셈의 정치'이다. 무엇보다 정의당의 위기는 대중적 위기이고, 지지율의 위기이며, 곧 선거에서의 위기이다. 심상정 의원 책임론이나 지도부 책임론, 심지어 비례대표 의원들 책임론마저 제기되고 있지만 정작 선거 위기, 지지율 위기의 핵심이 무엇인지에 대해서는 논의 자체를 조심스러워하고 있다. 아니, 애써 외면하는 듯도 하다.

그러나 인적 책임만을 강조하면 정작 평가하고 토론해야할 본질적 문제들이 은폐될 수도 있다. 과연 정의당 위기의 핵심 원인은 무엇인가?

무능력하고 존재감 없는 연합정치

내가 보기에 정의당이 당의 존립을 걱정할 정도로 대선과 지방선거에서 패배하게 된 1차적 요인은 민주당 이재명 후보와의 단일화에 대한 미숙한 대응 때문이다. 조국 사태에 대한 입장이나 미투 사건 및 페미니즘 문제, 노동정치의 부재를 정의당의 문제점으로 지적할 수도 있지만 그것을 결정적 요인으로 설명하는 것은 적절하지 않다. 양당제를 비판하고 다당제를 예찬하고 있는 정의당이 다당제에서 가장 중요하다고 할 수 있는 '연합정치 능력'의 부재不在를 드러냈다는 사실이 문제의 핵심이기 때문이다.

'민주당 2중대'여야만 민주당과 연합할 수 있는 것이 아니다. 민주당을 철저하게 비판하면서도 정치적 사안과 성격에 따라서는 연합과 협력을 모색할 수 있기 때문이다. 그 기준은 정의당이 주장하고 있는 진보적 가치이고 이익이다. 정의당의 가치를 지키고 이익을 얻을 수 있다면 당연히 연합하고 협력해야 하는 것 아닐까? 무조건 협력 반대, 무조건 단일화 반대라는 아마추어적 접근이 대선과 지방선거에서 정의당의 패배를 자초한 측면이 크다.

따라서 민주당 이재명 후보와의 단일화 문제에 대한 심상정 후보와 당 지도부, 의원단의 입장과 태도에 대한 평가와 반성이 1차적으로 이루어져야 한다. 후보단일화를 둘러싼 쟁점, 연합정치에 대한 정의당 내 분위기나 태도, 민주당의 지도부 교체 및 비주류 후보 등장에 대한 정치적 평가, 후보단일화의 정치적 효과에 대한 계산과 능수능란한 민주당 공략 정치에 대한 평가 등이 주요 내용이 될 것이다.

물론 이와 관련해 반드시 짚고 넘어가야 할 문제가 있다. 대선 시기 정의당의 연합정치에 대한 평가에서 이재명 후보와의 단일화 문제만이 아니라 진보진영의 후보단일화 논란에 대해서도 평가가 이루어져야 한다는 것이다. 이 문제는 민주당과의 후보단일화만큼 정치적 파급력이 크지는 않았지만, 당시 정의당 지도부의 행동 양식을 평가하는 데 큰 의미가 있다. 당시 진보진영 후보단일화가 무산된 것은 단일화 방식을 둘러싼 정의당과 진보당, 민주노총 간의 입장 차이가 결정적 요인이었던 것으로 알려졌다. 정의당은 상대적으로 여론의 지지가 높은 정의당 후보에게 유리한 방식을 고집했다고 한다.

여기서 잠시 고 노회찬 의원이 관련된 후보단일화 논란 두 가지 사례를 살펴보자. 2010년 서울시장 선거와 2016년 창원 국회의원 선거에서의 후보단일화가 그것이다. 전자는 실패했고, 후자는 성공했다. 2010년 서울시장 후보단일화 문제는 당시 진보신당 대표였던 노회찬 후보가 거부한 것이 아니라, 노회찬 후보가 요구한 단일화 방식(방송토론과 여론조사)에 부담을 느낀 민주당이 민주노동당을 끌어들여 진보단일화 논의와 한명숙-노회찬 후보단일화도 무산시키면서 노회찬 후보의 일방적 사퇴를 요구했던 것이 사건의 본질이었다.

그러나 당시 유권자들은 그 사실을 모르고 선거 패배 후 노회찬 후보 탓이라고 공격했고, 민주당 지도부는 그런 분위기를 이용해 책임을 회피했다.

반면 2016년 창원 국회의원 선거는 정의당의 노회찬 후보가 이중의 단일화를 성사시키면서 당선의 길을 만들었다는 점에서 주목을 받았다. 당시 정의당과 노회찬 후보는 손석형 후보와는 민주노총 조합원 투표 방식으로 진보 단일화를, 민주당 허성무 후보와는 여론조사를 통한 후보단일화를 추진했다. 정책 토론만이 아니라 상대방의 처지를 존중하는 연합정치를 통해 존재감을 드높이는 방식을 택한 것이다. 연합정치는 한쪽의 일방적 이익이 아니라 상호 이익을 확보할 수 있을 때 실현 가능성이 높기 때문이다.[38]

주장과 메시지의 문제

정의당의 반성과 혁신과 관련해 주목해야 할 두 번째 문제는 주요 현안에 대한 정의당의 입장과 메시지이다. 정의당이 어떤 관점, 어떤 선택의 기준을 갖고 입장과 메시지를 내놓았느냐의 문제이다. 조국 사태나 대장동 문제 등 중요한 정치 현안일 경우, 민주당과 국민의힘이 정면충돌하는 경우가 다반

---

38 2008년 노원병 국회의원 선거에서는 민주당이 단일화에 응하지 않아서 노회찬 의원이 패배했다. 2012년 선거에서는 민주당과의 단일화에 성공, 노회찬 의원은 노원병에서 당선되었다. 삼성 X파일 사건으로 의원직을 상실한 노회찬 의원이 동작을에 출마했던 2014년 보궐선거는 민주당과는 단일화에 성공했지만 노동당과는 단일화에 실패했다. 노회찬 의원은 929표 차이로 낙선했다. 무효표는 1,403표(기동민 1,180표, 유선희 66표)였고, 김종철 후보는 1,076표를 얻었다. 투표 용지에 기동민, 유선희 등 사퇴 후보들에 대한 '사퇴' 표시도 없었다.

사였다. 정의당은 두 당 중 어떤 입장을 택할 것인지를 둘러싸고 딜레마에 빠졌던 것으로 보인다. 조국 사태 때는 우왕좌왕하다 민주당에 가까운 입장을 취했고, 대장동 문제에서는 국민의힘과 유사한 입장을 취함으로써 논란이 되었다.

안타까운 것은 두 사안에 대한 입장 표명에서 정의당의 가치와 정책들을 제대로 부각시키지 못했다는 점이다. 사실 대부분의 정치 현안은 하나의 쟁점이 아니라 복수의 다양한 쟁점들로 구성되어 있다. 여러 개의 사실 관계 쟁점들도 있고, 다양한 차원의 가치판단 문제도 얽혀 있다. 민주당과 국민의힘은 그것들을 자신들의 정치적 프레임에 맞게 단순화한다. 그리고 제3자나 국민들에게 둘 중 하나를 선택하라고 강요한다.

따라서 정의당이 딜레마에서 벗어날 수 있는 길은 현안에 대한 치밀한 분석을 통해 두 당의 프레임을 넘어, 정의당만의 독자적인 가치와 입장을 갖고 사실과 가치 문제들에 대해 평가하고 정치적 대안을 제시하는 것이다. 고 노회찬 의원이 현안 대응에서 가장 많이 강조했던 부분이기도 하다. 그러나 현실은 그렇지 못했다. 그래서 조국 사태에 대해서든, 대장동 문제에 대해서든 당 안팎에서 끝없는 논란에 휩싸였다.

정의당의 정체성 문제

아마도 연합정치나 현안 대응을 둘러싼 정의당의 혼란 상황 이면에는 정의당의 정체성을 둘러싼 갈등이 자리하고 있는 것 같다. 과거 민주노동당과 달리, 다양한 세력이 서로 다른 진보 개념을 주장하면서 정의당이라는 지붕 아래 모여 있었기 때문이다. 게다가 지금 정의당은 다양한 세력의 입장을 조율할 리더십이 붕괴된 상태인 데다 각 세력들은 서로를 경원시敬遠視하고 있다.

과연 정의당은 어떻게 자신의 존립 근거를 만들어 나갈 것인가? 민주당이 어떻게 변해 가고, 진보당·녹색당·민주노총 등의 입장과 태도가 어떻게 정리되느냐에 따라 정의당의 미래는 많은 영향을 받을 것이다. 중요한 것은 정의당 스스로 자신의 문제에 대한 답을 찾아 나가는 것이다. 진보정치의 미래를 걱정하는 많은 사람들의 관심사이다.

정의당의 트라우마는 '민주당 2중대론'인 것으로 보인다. 사실 '민주당 2중대'는 민주노동당 시절부터 나온 말이다. 민주당과의 선명한 차별화를 내세운 당내 좌파와, 열린우리당과 민주노동당의 협력을 무산시키려는 조선일보 등 보수언론과 한나라당에서 동시에 사용한 말이기도 하다.

2022년 대선을 전후해 정의당 내에서는 민주당의 이중대에서 벗어나기 위해 국민의힘과도 손을 잡을 수 있어야 한다는 해괴한 주장이 등장하기도 했다. 지금은 양당제의 폐단을 극복하기 위해서는 중도보수세력과의 연합도 매우 중요하다는 주장도 확대되고 있는 것으로 알려지고 있다.

다른 한편 좌파정치, 계급정치를 강조하는 그룹들은 민주당과의 연합정치를 통한 성장 전략을 폐기하고 진보연합정치에 집중해야 한다고 주장하고 있다. 물론 그런 주장이 요즘이 처음은 아니다. 1990년대 진보정당운동 초창기부터 지금까지 계속 존재해 왔던 입장인데, 정의당의 위기 상황에서 더 목소리를 높이고 있을 뿐이다. 나는 그들이 진보의 발목을 잡는 행태에서 벗어나 진정으로 세상을 바꾸는 실천에 앞장서길 바란다.

재미있는 것은 이른바 진보중도연합(혹은 진보보수개혁연합이라고 부를 수도 있을 것이다)이든 민주당 배제 진보연합(소위 좌파연합이라고 부를 수도 있을 것이다)이든 간에 민주당과 민주당을 지지하는 진보세력과 정의당은 분리되어야 한다는 판단이 당연한 전제로 자리잡고 있다는 점이다. 그들은 민주당을 다양한 세력이 공존하면서 경쟁을 통해 변화하는 존재가 아니라 특정한 노선과 행태를 갖고 있는, 변화하지 않는 '고정된 실체'로 규정하고 있는 것으로 보인다. 또한 민주당을 국민의힘보다 더 진보세력의 성장을 가로막는 '암적 존재'로 인식하고 있는 것처럼 보인다. 일종의 고정관념이다. 시장과 노동, 분배와 복지, 기후위기, 전쟁과 평화, 젠더 갈등 등의 문제에서 민주당과 국민의힘의 차이가 크지 않다고 보거나, 그런 차이가 정의당의 정치에서는 별로 중요하지 않다고 생각하는 것일까. 그들이 민주당과 민주당 지지자들을 비판적으로 견인하지 않고서 한국 사회를 얼마나 바꾸어 낼 수 있다고 생각하는지 참으로 궁금하다. 그들은 윤석열 정부를 '문재인 정부 2.0'으로 인식하고 있을까?

정의당의 지지 기반 문제

정의당은 진보정당의 전통적 지지기반이라고 할 수 있는 노동조합과 농민회 등에 뿌리를 두고 있지 않다. 노동운동 활동가나 개별 노동자, 농민운동가나 개별 농민들이 존재하지만 대중적 기반으로서 노조와 농민회는 거의 없다. 빈민의 경우도 마찬가지다. 정의당의 내부 보고서에 근거하더라도 정의당 당원의 다수는 대졸 이상의 지식인이거나 사무직 노동자이다. 그런 상황에서 지역 정치보다 중앙 정치에 전념한 결과 지역적 근거나 계급·계층적 기반도 점점 약해져 가고 있는 것으로 보인다.

그 결과 정당이라면 당연히 관심을 갖고 있는 선거에서의 당선자도 사실상 비례대표밖에 없다. 그러나 비례대표 의석 수와 의석 배분 방식은 안타깝게도 정의당이 아니라 민주당·국민의힘 같은 거대 정당들이 결정하고 있다. 정의당의 정치

지망생들은 국회의원 비례대표나 광역의원 비례대표, 기초의원 비례대표에 목을 매고 있는 것이 현실이다. 누가 지역에서 풀뿌리를 세우는 고난의 길을 걸으려 하겠는가? 그마저도 지난 2020년 총선에서는 외부 영입 인사들에게 유리한 방식으로 제도화됨으로써 오랫동안 당에서 활동해 왔던 사람들은 '고생 끝에 들러리'밖에 되지 않는 현실을 마주해야 했다. 그런 상황을 정의당은 지금 과연 얼마나 바꾸어 낼 수 있을까?

정의당의 재창당 가능한가?

지난 당대표 선거에서 이정미 후보는 정의당의 혁신 재창당을 주장했다. 그러나 혁신 재창당의 의미가 민주노동당 노선의 부활인지, 새로운 형태의 좌파 정당인지, 아니면 기존 정의당 노선의 재구축인지가 불분명하다. 하지만 정의당 내에서는 민주당과의 연합을 중시하는 친노세력과 사회민주주의 우파에 대한 비판과 배제 분위기가 강하다. 또 민주노동당 노선의 부활을 우려하면서 소위 강성 NL인 진보당과의 통합은 절대 안 된다는 주장도 강하다.

최근 뺄셈의 정치, 고립화의 정치라는 비판에 대한 정의당 일각의 답은 '제3지대', '제3시민'이다. 물론 다른 일각에서는 선명한 생태사회주의를 외치고 있고, 또 다른 일각에서는 민주노총 중심으로 진보당과의 통합에 목을 매고 있다.

그러나 그 어느 것도 실현되기 쉽지 않은 것이 현실이다. 결국 6석의 국회의원과 제도권 언론들의 배려를 바탕으로 어떻게 결론이 날지 모르는 선거제도 하에서의 비례대표 할당 몫이나 챙기려는 것으로 귀결될 수밖에 없을 것이다. 아마도 그렇게 생존하고, 그렇게 세상을 바꿀 수 있다고 생각한다면 누가 뭐라고 하겠는가? 그렇게 하시라.

그러나 정의당만이 진보정치를 대변하는 것도 아니고, 또 진보정치의 미래를 정의당이나 진보당에게만 맡겨놓을 수는 없지 않은가? 나는 진보정치의 독자성을 추구하면서도 연합정치를 유연하게 구사할 수 있는 진보정치세력은 여전히 필요하다고 본다. 그런 세력이 영향력을 발휘해야만 더불어민주당도 바뀌고, 국민의힘도 바꾸고, 한국 사회를 바꿀 수 있지 않을까? 앞으로 닥칠 미증유의 위기와 공포에 대비하기 위해서는 제대로 된 진보정치세력이 필요하다는 것이다.

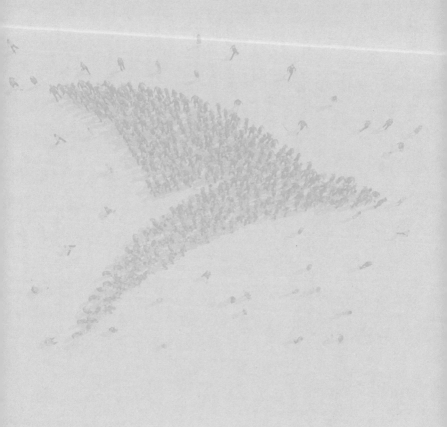

V
시대적 과제와
진보정치

불확실한 미래가 다가오고 있다. 전 지구적 차원에서 대규모 실업과 빈곤, 기후위기와 전쟁의 위기를 동반한 미래가 다가오고 있는 것이다. 불안과 공포는 이제 변수가 아니라 상수가 되었다. 과연 우리가 마주할 미래는 무엇이고, 우리는 그런 미래에 대응할 수 있는 준비를 제대로 하고 있는가?

지금 진보정치의 위기는 이중적이다. 그것은 당장 현재의 정치 상황에서 생존하기 힘들 정도가 되었다는 것과 동시에 진보적 미래 대안을 관철시킬 수 없게 되었다는 것을 의미한다. 그래서 진보적 사고를 하고 있는 사람들이라면 이런 현실을 견디기가 무척이나 힘들 수밖에 없다. 물론 이 문제는 자칭 진보연 하는 사람들이 얼마나 설득력 있게 현실을 비판하느냐와는 별개의 차원이다. 진보는 정치적으로 성공하지 못하더라도 비판 자체만으로도 존재 가치가 있기 때문이다.

역사와 시대를 초월한 진보는 없다. 보수와 진보는 시대와 역사 속에서 존재감을 드러낼 수밖에 없다. 이 말을 하는 이유는 지금 우리가 직면하고 있는 대전환의 시대적 상황을 외면하고서 진보의 위기를 말할 수 없기 때문이다. 그리고 진보의 위기를 극복하려는 노력 역시 그런 현실과의 대결을 통해서 이루어질 수밖에 없기 때문이다.

지금 우리는 보수와 진보의 전통적인 구분법으로는 설명할 수 없는 새로운 시대적 도전에 직면해 있다. 진보가 위기에 처하지 않았어도 감당하기 힘든 상황인데, 위기에 처한 진보가 이에 얼마나 효과적으로 대응할 수 있을까? 저마다의 진보가 부각되는 어쩔 수 없는 상황이지만, 공동의 실천적 기반은 존재하지 않을까?

1. 지구적 위기와 한국의 위기

지금 전 지구적 차원에서 다양하고 복잡한 변화와 위기가 나타나고 있다. 3년 넘게 전 세계인을 두려움에 떨게 했던 코로나 팬데믹, 나날이 심각해지고 있는 기후위기, 본격화된 강대국 간 패권 갈등, 곳곳에서 벌어지고 있는 국가·민족·인종 간 충돌 등이 그것이다. 여기에 세계 경제를 지탱해 왔던 에너지와 자원도 위기에 직면해 있고, 세계화된 자본주의가 만들어내고 있는 무한 기술 전쟁은 4차 산업혁명을 통과하면서 기존 일자리와 직업, 고용의 세계를 송두리째 뒤흔들어 대고 있다. 이 모든 것은 미래에 대한 장밋빛 환상을 없애고, 언제 어디서 무슨 일이 터질지 모르는 불확실한 미래, 혼란과 공포의 미래를 예고한다.

이런 시대적 상황을 어떤 사람들은 복합위기Polycrisis, Complex Emergencies라 부르고, 또 어떤 사람들은 대위기Great Crisis의 시대, 대전환Great Transformation의 시대라고 규정한다. 인류세人類世, Anthropocene라는 지질학적 개념도 등장한다. 사실 중요한 것은 어떤 개념이 더 적합하느냐가 아니라, 그런 개념들이 담고 있는 심각한 내용들이다. 다양하고 복잡한 요소를 담고 있다는 의미에서 복합위기라는 말이 더 적절하지 않을까 생각한다.

하나의 위기가 아니라 다층적으로 결합된 복합위기는 피해 대상자가 특정 계층이나 계급만이 아니라는 점에서 인류적이고 보편적이다. 그러나 그 피해의 강도는 대상자들의 소득, 일자리, 사회적 지위와 권력에 따라 달라진다는 점에서 계급적이고 정치적이다.

이러한 복합위기는 한반도에서 더 심각하게 발생할 수 있다. 무엇보다 남북 갈등과 미·중 갈등이 복합적으로 얽히면서 전쟁과 그에 준하는 충돌 가능성이 현저하게 높아지고 있기 때문이다. 남북, 북·미 간의 갈등과 한반도의 무한군비경쟁, 충돌 가능성이 거론되는 대결 국면은 실질적 충돌 이전에 공포와 불안을 자아내 사회적·경제적 혼란을 부채질하게 될 것이다. 둘째, 미·중 갈등으로 인해 전 세계 공급망이 재편되면서 중국과 미국에 대한 경제 의존도가 높은 한국 경제는 커다란 타격을 받을 것이다. 이미 그러한 현상이 나타나고 있다. 내수보다 대외무역 의존도가 높은 한국 경제가 감당하기엔 너무나 버거운 현실이다. 당장 대중 무역적자 규모가 커지고 있고, 그동안 한·중 경제협력을 지렛대로 만들어졌던 산업 생태계가 위축되거나 대체될 가능성이 높다. 셋째, 한반도와 동북아에서는 황사와 미세먼지를 포함한 환경 재난, 주기적으로 발생하고 있는 전염병, 화산 폭발이나 지진, 태풍 등 자연재해가 갈수록 심각해지고 있다. 그러나 지정학적·지경학적 갈등으로 인해 남·북·중·일 간의 기민한 공동대응 체계가 제대로 작동하지 않고 있다. 그만큼 각국이 감당해야 할 경제적·사회적 피해도 눈덩이처럼 커질 가능성이 높다.

이런 상황에서 한국의 대응 수준을 생각해 보지 않을 수 없다. 한동안 경제성장, 민주화, 한류 열풍 등으로 선진국 대열에 합류했다는 자긍심이 한국 사회에 충만한 적이 있었다. 그러나 현재 미·중·일·러의 갈등 속에서 한국의 위상과 역할의 한계는 너무도 분명하게 드러나고 있다. 또 북한을 상대하는 한국의 역할과 한계도 뚜렷하다. 평화와 통일에 대한 한국 정부의 줄기찬 노력이 얼마나 허망했는지는 2018년에서 2019년까지 전 세계를 깜짝 놀라게 했던 남·북·미·중 간의 정상급외교 이벤트에서 너무도 분명하게 확인할 수 있다. 문재인 정부는 정상급 외교의 발판을 마련할 정도의 능력을 보여주었으나 실질적으로 문제 해결에 필요한 대북·대미 설득력의 한계를 극명하게 드러냈다.

물론 균형외교와 한반도 평화 프로세스, 탈원전과 기후위기 대응 전략 등은 문재인 정부가 이명박·박근혜 정부와는 다른 방식으로 미래를 준비하는 세력임을 보여주었다.

중요한 것은 그런 정책들이 지향하는 바가 바람직하다고 해서 그것을 관철·지속시킬 능력을 갖고 있는 것은 아니라는 점이다. 문재인 정부는 바로 그 점에서 능력을 입증하는 데 실패했다. 국민의 삶을 안정시키고, 현존하는 위기와 다가올 위기에 현명하게 대응할 수 있는 동력을 만들어내는 데 성공했다면 정권을 빼앗기지 않았을 것이고, 설령 빼앗겼다 하더라도 후임 정권이 정책 성과를 함부로 뒤집기는 힘들었을 것이다. 그러나 이벤트는 있었으나 성과를 만들어내지 못했다. 정권이 교체되더라도 뒤집을 수 없는 제도화는 더더욱 이루어지지 않았다.

선거 결과에 따라 정권이 바뀌는 것은 너무나 당연하다. 그러나 정권이 바뀔 때마다 위기 대응 방안, 미래 대응 제도와 전략이 180도 달라지는 게 정상일까? 그런 상황에서 얼마나 효과적으로 미래를 대비할 수 있을까?

다가올 미래가 끔찍하고 참혹할 수 있다는 생각이 엄습한다. 지금 우리는 윤석열 정부의 정책과 행동을 통해 이를 직접 보고 있지 않은가?

현재 진행되고 있는 지구적 위기와 미래의 한반도를 떠올리면, 선명하게 다른 두 개의 미래가 대비된다. 보수의 길과 진보의 길이 만들어내는 서로 다른 미래가 눈앞에서 펼쳐지는 것이다.

보수와 진보가 충돌하고 있는 핵심 쟁점은 크게 세 가지이다. 그것은 단지 세 가지 쟁점이 아니다. 그것을 매개로 수십 가지 쟁점이 복잡한 그물망처럼 얽혀 있기 때문이다. 첫째, 4차 산업혁명과 한국 자본주의의 미래를 둘러싼 논란, 둘째 기후변화와 대체에너지를 둘러싼 논란, 셋째 전쟁과 평화를 둘러싼 논란이 그것이다.

여기서 우리는 서로 다른 두 개의 미래 비전을 마주한다. 시장과 기술, 성장 만능주의, 전쟁불사론을 한편으로 하는 보수의 길과 인간을 위한 시장개입과 기술통제, 개발과 성장 제한론, 그리고 평화구축론이 바로 그것이다.

첫 번째 쟁점 : 4차 산업혁명과 한국 자본주의

4차 산업혁명과 디지털 대전환은 기계와 로봇, 인공지능AI이 인간을 지배할 것인가를 둘러싼 근본적 질문만이 아니라 그로 인한 노동의 종말, 일자리 대체와 축소, 새로운 일자리 등장 등에 관한 현실적 고민을 제기하고 있다. 현재 노동의 위기는 기존 일자리를 기계와 컴퓨터, AI가 대체해 나가고, 불안정한 새 일자리가 급속히 확대되는 것으로 나타나고 있다. 플랫폼 노동과 임시고용경제gig economy가 바로 4차 산업혁명이 주도하는 미래의 노동 현실이 될 것으로 예측하고 있다. 전통적 정규직 노동, 숙련노동 대신 다양하고 새로운 비정규직, 임시고용 확대가 가속화될 것이다. 기존 일자리 생태계가 근본적으로 바뀌게 된다는 말이다. 그렇게 되면 일자리가 줄어들고 해고가 일상화되며, 비정규직·임시직이 늘어나고, 차별과 빈곤화는 현실적인 문제가 될 수밖에 없다.

따라서 노조는 노동자들의 권리를 지키면서 새로운 변화에 대응할 힘을 구축해야 한다. 하지만 대부분의 나라 노조들은 노조 밖의 노동자들을 실질적으로 대변하지 못하고 있다. 그것은 우리나라도 마찬가지다. 민주노총과 한국노총은 조직화된 노동자들의 생존 위기에도 대응해야 하지만, 동시에 노조에 가입되어 있지 않은 대부분의 노동자들의 삶과 생존의 문제에도 관심을 갖지 않으면 안 된다.

만약 그렇지 못하다면 민주노총과 한국노총은 기득권 노조, 정규직 노조, 귀족 노조라는 낙인에서 자유롭지 못할 것이다. 노조가 대중적으로 고립되는 사태가 발생할 수 있다는 것이다. 그런 의미에서 해고 방지와 실업 대책, 비정규직의 처우 개선과 결사의 자유 보장, 새로운 일자리 창출과 새로운 상황에 적응하기 위한 직업교육의 확대 등은 미룰 수 없는 매우 중요한 과제이다.

성장과 분배를 둘러싼 논란도 그렇다. 보수의 전통적 성장론은 '떡고물론'이다. 반면 진보의 전통적 성장론은 '분배성장론'이다. 소비 여력이 커지면 경제가 성장한다는 것이다. 그러나 무한기술경쟁, 기후위기와 생태계 파괴, 그리고 전 세계적 공급망 재편 과정에서 전통적 성장과 분배 논쟁은 한가롭게 들린다. 모든 상황에 적용되는 마법의 정책은 없다. 무한기술경쟁에 대응하는 경제정책, 기후위기와 생태계 파괴에 대응하는 경제정책, 강대국 정치와 전쟁위기 대응 관련 경제정책이 모두 같을 수는 없다는 뜻이다.

그러나 그런 정책을 관통하는 근본 목표는 동일하다. 세계 경제에 결박되어 있는 한국 경제의 불안정성을 축소시키고, 기업과 노동자, 시민들의 삶을 안정시키는 것이다. 보수든 진보든 직시할 수밖에 없는 것은 한국 자본주의의 위기대응 능력이 매우 취약하다는 사실이다. 위기가 현실화되었을 때 어떤 일이 발생할 것인지 쉽게 예측할 수 없을 정도라는 것을 의미한다. 그래서 정작 일이 터져야 움직이는 경향이 있다. 문제는 그 파장과 규모가 우리의 예측을 뛰어넘을 수도 있다는 것이다. 그래서 대비가 필요하다.

복지를 둘러싼 전통적 쟁점은 새로운 방식으로 부각될 가능성이 높다. 당연히 이에 대한 대응도 과거와는 달라야 한다. 보수가 '기본소득'에 관심을 갖기 시작한 것도 그런 배경 하에서이다. 그러나 보수는 전통적 복지 체계가 돈 먹는 하마와 같은 비효율적인 체계라고 생각해서 효율성이 높으면서 단순한 복지, 상대적으로 비용이 적게 드는 복지라는 맥락에서 '기본소득 정책'을 거론한다.

그런데 이른바 진보 내지 좌파의 주류 복지정책론자들은 기본소득론이 제기되는 맥락을 크게 고려하지 않고 전통적 복지국가의 틀 안에서 문제를 해결할 수 있다고 생각한다. 그들은 기본소득을 시간적 제약을 갖고 있는 '낭비성 퍼주기'로 규정한다. 반면 기본소득론자들은 디지털 전환에 근거한 대규모 실업 사태, 기후위기로 인한 재난의 일상화, 전쟁과 분쟁으로 인한 대혼란 상황에서 전통적 복지 체계가 무력화될 수 있다고 경고한다. 아마도 앞으로 경제 상황에 따라 비용 대비 효과를 강조하는 효율성의 논리를 내세우며 논쟁이 크게 벌어질 것이다.

그러나 불안정의 일상화는 '기본소득론'의 가치를 부각시킬 수밖에 없다. 안정성과 지속성에 바탕을 둔 전통적 복지 체계와 불안정의 일상화를 고려하는 기본소득론의 충돌은 그런 의미에서 진보정치세력의 능력을 평가하는 핵심 쟁점으로 떠오를 수도 있다. 공공부조와 사회보험, 다양한 복지서비스를 결합시킨 전통적 복지국가 정책들과 연령·계층·지역별로 시작해 보편적으로 확대되어 가는 기본소득 정책을 결합시키는 촘촘한 설계가 필요하기 때문이다.

과연 진보정치세력은 그런 쟁점을 감당할 만큼 준비되어 있는가? 그것을 감당할 수 있는 경제 기반과 조세제도를 정비하는 문제는 만만치 않은 전문성과 더불어 실질적 삶에 근거한 현장성을 요구하기 때문이다.

두 번째 쟁점 : 엄습하고 있는 기후위기와 재난

기후위기 대응 방식을 둘러싸고 다양한 주장과 논리들이 충돌하고 있다. 다양한 보수적 입장, 다양한 진보적 입장들이 정치적 실체와 상관없이 존재한다.[39] 논리적으로만 보면 근본적으로 다른 두 개의 견해가 충돌하고 있다. 한마디로 이대로 가면 망한다는 주장(1)과 위기는 과장되어 있고 망하지 않는다는 주장(2)이다. 전자는 기후위기의 심각성을 인정하는 입장이고, 후자는 그것을 부정하는 입장이다. 요즈음 기후위기의 심각성을 대부분 인정하고 있다는 점에서 전자가 다수이

---

39 정태석의 글은 다양한 진보적 주장들이 어떤 철학적·실천적 맥락에 있는지를 잘 보여준다. 논쟁사적 맥락을 알고 있는 사람들에게는 매우 유용한 글이다. 그런데 맥락을 알지 못하는 사람이 읽기에는 불친절한 논문이다. 정태석, 「한국 사회의 정의로운 생태전환 논쟁과 생태정치 전략의 성찰」, 『경제와 사회』 2023년 봄호(통권 137호), 42~79쪽.

다. 후자는 전문가들 사이에서는 소수이지만, 석유산업을 비롯해 이른바 기후위기 유발 산업들이 배후에 있기 때문에 실질적인 의사결정을 방해하는 데 앞장서고 있다. 미국 트럼프 전 대통령 등장 이후 행동이 노골화되고 있다.

그러나 지구 온도는 높아지고 있으며, 그것은 온실가스 때문이고, 그 주된 이유는 인간의 행위로 인한 것이며, 이대로 가면 머지않아 인간은 심각한 생존 위기에 처하게 될 것이라는 점에 많은 사람들이 동의하고 있다. (1)의 입장이 다수라는 것이다.

문제는 그럼에도 불구하고 기후위기를 극복하기 위한 실천적 노력에 쉽게 합의하기 어렵다는 사실이다. 그 이유는 기후위기가 인간의 삶, 인간의 경제 활동으로 인한 것이고, 결국 그런 삶을 바꾸어야 하기 때문이다. 이 점에서 탈성장론(3)과 성장론(4)이 충돌한다. 가장 확실한 해법은 탈성장론이다. 성장 중심의 인간의 삶, 시장 원리가 지배하는 인간의 삶에서 벗어나면 기후위기를 극복할 수 있다는 점에서 논리적으로는 가장 확실한 대안이다. 그러기 위해서는 기후위기를 유발하는 현재의 삶과 개발, 성장을 포기해야 한다. 그러나 바로 그 점에서 이 주장은 심각한 한계를 갖는다.

그 결과 성장론에 바탕을 둔 해법이 많은 사람들에게 수용되고 있다. 그것은 현재의 삶을 포기하지 않고서도 가능하다는 희망을 주기 때문이다. 그러나 탄소세 논란에서 알 수 있듯이 돈이 많고 기술 수준이 높은 선진국에 유리한 해법이고, 후진국들의 개발 욕구를 짓밟는다는 점에서 '기후제국주의(=기후식민주의)' 발상이라는 비판이 존재한다. 기후 불평등과 기후 정의 문제가 부각되는 지점이기도 하다. 그렇지만 더 심각한 것은 그런 식의 접근으로는 점점 더 심각해지고 있는 기후위기를 실질적으로 극복할 수 없다는 근본적 회의가 존재한다는 것이다. 성장과 개발 자체를 부정하지는 않더라도 기후위기 극복을 위한 실질적 대안을 모색해야 한다는 것이다.

그러나 이 또한 온실가스 유발 산업에 대한 통제를 강화하자는 입장(5)과 통제보다는 기술적 대안을 중시하자는 입장(6)으로 나뉜다.[40]

물론 (5)도 화석연료나 원자력 에너지에 의존하지 않는 재생에너지 기술의 개발에 대해서는 찬성한다. 반면 (6)은 원전을 포함한 보다 확대된 기술대안론에 관심이 많다. 4차 산업혁명론이 등장하면서 그동안 수세에 몰렸던 (6)이 다시 강화되는 양상이다. 이른바 AI를 이용한 기후변화 대응과 '지구 해킹'이라 불리는 지구공학을 통한 기후변화 대응[41]이 최근 각광을 받고 있으며, 이를 이용해 원자력 대안론을 퍼뜨리는 '원전

---

40 이들 입장의 배경에는 과학기술에 대한 태도가 깔려 있다. 과학기술 비관주의와 낙관주의가 바로 그것이다.

41 지구공학은 논란이 많은 신기술인데, 주로 거대한 거울이나 인위적 개입을 통한 '태양 복사 제어'와 탄소 포집 및 저장과 관련한 '온실가스 제거'의 두 가지 유형으로 나뉜다.

마피아'들도 존재한다. (5)가 구조내적 진보라면 (6)은 구조내적 보수라고 할 수 있을 것이다. 그러나 (6) 내에서 기술적 진보를 내세우는 사람들을 보수라고 할 수 있느냐는 항변이 존재한다.

아마 녹색당이나 정의당에는 (1), (3)을 중심으로 (5)가 섞여 있을 것이고, 민주당에는 (1), (3), (5)를 중심으로 (6)이 섞여 있을 것이다. 국민의힘에는 (1)만이 아니라 (2)도 많이 존재하고, (4)와 (6)을 중심으로 (5)가 일부 섞여 있다고 할 수 있을 것이다. 물론 이것은 전적으로 나의 주관적 판단이다.

내가 보기에 논리적으로나 철학적으로는 (3)이 설득력이 있다. 그러나 비현실적이다. 현실적으로는 (5)와 (6)이 경쟁한다. 그러나 비극적 결말을 예방하기에는 부족하다. 과연 우리는 어떤 미래를 마주하게 될 것인가? 아마 (5)와 (6)이 타협하면서 만들어낸 현실에서 불안과 공포, 비극적 현실을 마주할 가능성이 높다.

사실 세계화된 기후위기에 대응하기 위한 국제적 노력은 진퇴를 거듭하면서도 더디지만 계속되어 왔다. 1992년 리우 환경회의에서 '유엔기후변화협약UNFCCC'[42]을 체결한 이래 1997년 기후변화당사국 3차 회의COP3에서 선진국 중심의 의무감축목표를 부여한 '교토의정서'가 채택되고, 2005년 발효

---

42   여기서 '환경적으로 건전하고 지속가능한 개발(ESSD)'이라는 유명한 슬로건이 천명되었다.

되었다.[43] 또 2015년에는 기후변화당사국 21차 회의COP21에서 선진국만이 아니라 개발도상국까지 참여하는 '파리협정'을 채택하고 최초로 지구온도목표에 합의했다. 이때 합의한 지구온도목표는 지구 평균온도 상승을 2℃보다 낮게 유지하고, 나아가 1.5℃로 억제하기 위해 노력한다는 것이다.

전 지구 온도 상승 1.5℃ vs 2℃ 주요 영향 비교

구 분	1.5℃	2℃
생태계 및 인간계	높은 위험	매우 높은 위험
중위도 폭염일 온도	3℃ 상승	4℃ 상승
고위도 한파일 온도	4.5℃ 상승	6℃ 상승
산호 소멸	70~90%	99% 이상
기후영향·빈곤 취약 인구	2℃에서 2050년까지 최대 수억 명 증가	
물 부족 인구	2℃에서 최대 50% 증가	
대규모 기상이변 위험	중간 위험	중간~높은 위험
해수면 상승	0.26~0.77m	0.3~0.93m
북극 해빙 완전소멸 빈도	100년에 한 번	10년에 한 번

출처 : 대한민국 2050 탄소중립전략(LEDS)

---

43 2001년 미국은 교토의정서를 탈퇴했다. 미국이 제안해 놓고 미국이 탈퇴하는 기현상이 벌어진 것이다. 강대국들이 국제정치에서 보여주는 모습 중 하나이다. 온실가스 배출량이 많은 중국과 인도는 개발도상국이기 때문에 애초 교토의정서 적용 대상이 아니었다. 그 결과 2011년 캐나다, 2012년 일본과 러시아가 교토의정서에서 탈퇴했다. 전체 온실가스를 80% 이상 배출하고 있는 국가들이 모두 빠진 상태에서 교토의정서가 존재하게 되는 기현상이 벌어진 것이다. 2015년 파리협정을 채택하게 된 배경이다.

2018년에는 기후변화에 관한 정부간협의체IPCC가 「지구
온난화 1.5℃ 특별보고서」를 발표하면서 온도상승억제목표를
1.5℃로 권고하면서 2050 세계탄소배출량이 0가 되는 탄소
중립Net-zero을 달성할 것을 제안했다. 2019년에는 기후행동
정상회의에서 민관이 함께 참여하는 '기후목표상향동맹CAA,
Climate Ambition Alliance'이 제안되고 2021년 말까지 136개국,
4,468개 기업이 참여하는 성과를 거둔다.

그러나 이와 같은 노력에도 불구하고 2050 탄소중립 실현
가능성은 불투명하다. 열쇠를 쥐고 있는 탄소배출 강국들의
태도를 좌우하는 국내외 정치 상황이 복잡한 데다, 이를 제어
하지 못하는 국제정치 현실 때문이다. 기후위기가 갖고 있는
전 지구적 성격에 비해 그것을 추진하는 과정을 둘러싸고 각
국의 국내 정치가 뒤엉키는 상황을 조율할 국제정치적 힘이
제도적으로 구축되어 있지 않기 때문이다. 최근 부각되고 있
는 4차 산업혁명과 디지털 전환에 근거한 산업생태계 전환이
그런 상황의 기술적 탈출구로서 기능할지도 불투명하다. 기
후위기의 진행 속도나 기존 산업생태계의 존속 능력에 비추
어 볼 때 쉽지 않을 것이 분명하기 때문이다.

기존의 삶과 경제를 근본적으로 바꾸자는 탈성장·탈탄소
접근법은 논리적 타당성에도 불구하고 근본적 한계를 갖고
있다. 수백 년 동안 계속되어 온 인간의 삶과 경제, 산업을 한
나라만이 아니라 세계적 차원에서 축소시키거나 바꾸는 게

쉽지 않기 때문이다. 그래서 비극이 예고되고 있는 것이다. 그렇지만 비극을 막기 위한 노력을 중단해서는 안 된다. 인간은 비극적 상황에서 놀라운 저력을 보여주기도 하기 때문이다.

결국 인간의 삶은 기후위기가 더 심각해져서 세상 곳곳에서 더 이상 미룰 수 없는 재난이 시작되어야 바뀌게 될 가능성이 높다. 코로나 팬데믹이 전 세계를 휩쓸 때 극단적인 이동 제한부터 경제와 산업 가동 중단 사태까지 감내해야 했던 것처럼 그런 치명적인 위기가 닥쳐야만 인간은 움직일 것이다.

재난과 질병으로 죽어가는 수많은 사람들의 미래가 예고되고 있다. 집단 간·국가 간 갈등이 더 심각해지고, 심지어 전쟁 난민이 쏟아져 나오는 비극적인 미래는 단지 상상 속의 디스토피아가 아니다. 아마 그 속에서 가난하고 힘없는 사람들은 더 많이 희생될 것이다. 자기들 먼저 살겠다고 움직이는 탐욕스런 부자들과 집단, 국가들의 행태가 수많은 사람들의 분노를 촉발시킬 것이다.

그런 상황에서 정치는 과연 무엇을 할까? 국내 정치든 국제 정치든 현재 예고되고 있는 환란과 비극을 막아낼 수 있을까? 대책 없이 하늘을 향해 욕설을 내뱉기보다 조금이라도 현실을 바꾸어 내려는 노력이 필요하지 않은가? 그것이 바로 정치이다. 그런 상황을 대비하고 막아내는 정치가 필요하다. 내가 아직도 진보정치를 꿈꾸는 이유이다.

여기서 현실적인 질문이 제기된다. 탈성장·탈탄소 접근이 바람직하더라도 지금 당장 그것을 실현할 정치적 힘은 존재하지 않는다. 한 나라에서 혁명적 변화가 일어났다고 해서 세계 전체의 변화로 연결되는 것도 아니다. 위기는 예고되었지만 그것을 막을 준비는 되어 있지 않다. 결국 위기를 완화하고 최악의 상황을 대비하는 노력이 필요하다. 그것이 현실이다. 좀 더 오래 버틸 수 있는 정치적·경제적·사회적 개입이 필요하다는 것이다.

문재인 정부의 가장 큰 성과는 탄소중립사회로의 전환을 선언한 것이다. 사회적 공감대도 확보하였다고 할 수 있다. 2050 탄소중립 선언, 탈석탄·탈원전의 방향을 잡은 것은 높게 평가해 줄 만하다. 그러나 탈탄소와 탈석탄이 너무 늦게 선언되고, 국제사회에 약속했던 2030년 국가온실가스 감축목표 NDC 달성을 위한 이행 계획조차 세우지 못한 것은 비판받아야 마땅하다. 방향에 대한 선언은 있었으나 '기후악당'에서 벗어나는 실질적 조치를 취하지는 못했다고 할 수 있기 때문이다. 힘이 있을 때는 주저하고, 힘이 떨어져 갈 때는 시늉만 내는 모습으로 비춰졌다. 그런 모습으로는 다가오는 위기를 극복할 수 없다.

RE100이 무엇인지도 모르는 윤석열 대통령은 문재인 정부의 탈원전 정책을 무력화하고, 재생에너지 정책도 유야무야하면서 사실상 '탄소제로'의 길을 거부하고 있는 것이 현실이다. 민주당과 국민의힘이 합의한 「탄소중립 녹색성장 기본법」은 '무늬만 탄소중립'을 선언하면서 사실상 '성장론'을 정당화하고 있기도 하다. 그런 식으로는 2050 탄소중립의 실현은 불가능하다. 한국 정치가 기후위기 대응에 무책임하다는 평가가 나오는 이유이다.

바로 그런 현실을 바꾸기 위한 정치가 필요하다. 민주당 내 진보정치를 강화하고, 민주당 밖의 진보정치세력들이 연대하여 기후위기 대응 및 정의로운 산업 전환을 추구하는 정치연합을 구축해서 현실을 실질적으로 바꾸어 나가야 한다는 것이다. 그것은 당연히 국제적 연대의 새로운 길을 개척하는 것으로 이어져야 한다. 성장을 중단하지는 못하더라도 제한과 조율, 통제가 필요하고, 탈탄소 경제의 길을 개척할 수 있는 정치가 필요한 것이다.

기후위기 대응을 둘러싸고 다양한 입장이 있다. 그들 간의 차이를 구별하고 치열하게 토론하는 것은 매우 중요하다. 그러나 더 중요한 것은 지금 당장의 변화를 이끌어내는 노력이다. 그것이 정치가 해야 할 일이다. 좀 더 급진적인 대안을 내놓는 사람들이 늘어나고 그들의 발언권이 커질 필요도 있다. 동시에 제도 내적 노력을 통해 제도를 넘어서고 바꾸는 길을 여는 사람들도 매우 중요하다. 아니 그들이 실질적인 길을 열어야 급진적인 대안을 내놓는 사람들의 발언도 주목받을 수 있다.

물론 이것은 기후위기에 초점을 둔 주장이다. 인간의 개발 욕구와 자연생태계의 감당 능력을 둘러싼 보다 폭넓은 논의의 관점에서 보면 더 비관적인 예측도 가능하다. 종말의 시기가 좀 더 늦춰질 뿐, 훨씬 광범위하게 진행될 수 있다는 것이다. 기후위기를 넘어선 생태계 전반의 위기, 근본적인 환경 위기를 시야에 담아야 하는 이유이다.

세 번째 쟁점 : 전쟁과 평화

북핵 문제를 둘러싼 갈등과 미·중 패권 경쟁이 격화되면서 한반도에서의 전쟁 가능성이 그 어느 때보다 높아지고 있다. 1950년에 일어난 한국전쟁은 공식적인 전쟁의 종결과 평화협정을 체결하지 못한 상태로 70여 년 동안 계속되고 있다. 평화협정이 체결되기 전까지 일시적 휴전 상태를 규율하기 위해 맺은 정전협정이 70여 년간의 전쟁질서를 규율하고 있는 유일한 규범이다.

그러나 정전협정은 종전협정이나 평화협정이 아니기 때문에 언제든지 열전으로 전환될 가능성을 내포하고 있다. 북한은 1991년 군사정전위원회 유엔군측 수석대표로 한국군 장성 황원탁 소장이 임명되자 군사정전위원회를 부정하면서 조선인민군 판문점대표부를 따로 운영하고 있고, 2013년에는 정전협정의 무력화를 선언한 바 있다. 북한이 무력화를 선언했다고 정전협정이 무력화되지는 않지만 정전 상태의 불안정성이 커지고 있다는 점은 분명하다. 1992년부터 본격화되기 시작한 북한 핵문제는 한반도 정전체제의 긴장을 고조시키면서 새로운 열전 가능성을 예고하고 있다.

따라서 지금 한반도에서 다시 전쟁이 발생하는 것을 막고 항구적인 평화체제를 구축하는 것은 결코 미룰 수 없는 시대적 과제이다. 그러나 말처럼 쉽지 않은 이유는 이 쟁점이 한국전쟁 이래 70년이 넘는 전쟁질서와 함께 존재하고 있기 때문이다. 이 속에는 수많은 쟁점들이 포함되어 있다. 그리고 보수와 진보를 주장하는 다양한 정치세력이 저마다의 존재 근거를 만들고 있는 논리가 자리잡고 있는 부분이기도 하다. 과연 당신은 어떤 입장을 갖고 있는가?

가. 남북 관계와 평화

한국전쟁 질서의 극복

한국전쟁 이래 남한과 북한은 상호 적대성에 근거해 서로를 인정하지 않는 태도를 기본적으로 견지해 왔다. 보수는 적대성, 힘에 의한 압박을 바탕으로 북한과 협상하고, 북한의 양보를 이끌어내고 굴복시키는 방식으로 평화를 추구해야 한다는 입장을 갖고 있다. 한국전쟁의 참상을 겪었기에 전쟁을 전면에 내걸지는 않지만, 대부분 북한의 침공을 현실적 가능성으로 고려하면서 대비 태세를 구축해야 한다고 주장한다. 한국의 보수는 침략전쟁이 아니라 방어전쟁 가능성을 상수로

놓는다. 그리고 그것을 정당화하고 있는 것이 바로 70여 년간 이어지고 있는 정전체제이다.

그러나 전쟁 무기가 발달하고 전쟁 양상이 달라지면서 침략전쟁과 방어전쟁의 경계선이 불투명해지는 상황이 되자, 방어전쟁을 상수로 생각하는 보수세력은 이제 '방어를 위한 선제공격'을 당연시하기에 이르렀다. 작전계획 5026(선제공격 포함), 5027-98(반격과 수복, 즉 무력통일 포함) 등에 그런 입장이 반영되어 있다.

현재 작전계획 5026, 5027-98 등은 작전계획 5015(Operational Plan 5015; OPLAN 5015)로 통합되어 있다. 작전계획 5015는 전면전, 국지전, 핵전쟁을 비롯한 대량살상무기 사용 전쟁, 참수작전 등을 포함한 한미연합사령부의 작전계획이다. 이는 북한과의 무한군비경쟁을 정당화하는 논리로, 남북한 간의 긴장과 대결, 북·미 간의 대결을 기본 전제로 한다. 따라서 이들의 평화는 기본적으로 무장평화라는 한계를 갖는다. 북한이 변하지 않으면 항구적인 평화체제는 불가능하므로 언제나 전쟁 가능성을 고려하지 않을 수 없다는 입장이다. 클라우제비츠의 『전쟁론』에 나오는 "평화를 원하거든 전쟁을 준비하라"가 이들의 기본 규범이다.

반면 진보는 전쟁이 일어나서는 안 된다는 입장을 기본적으로 견지하고 있다. 침략전쟁을 방어해야 한다는 방어전쟁의 논리를 수용하지만, 전쟁이 일어나지 않게 만드는 대화와 협상, 외교를 중시한다. 이른바 포용정책, 햇볕정책이 등장하는 지점이다. 김대중·노무현·문재인 정부의 기본 입장이다.

이른바 구조내적 진보의 입장은 방어전쟁과 한·미 동맹을 인정하는 가운데, 대화와 협상을 통해 전쟁질서 해체, 한반도 비핵화를 통해 평화공존 체제를 만들려고 한다. 구조적 제약을 인정하고 있기에 궁극적으로 남한 중심의 평화통일을 주장한다. 그래서 일각에서는 부드러운 흡수통일론을 둘러싼 논란도 있다.

그러나 남한 내 보수세력, 북한, 미국의 동의를 얻어내지 못한다면 평화와 통일에 대한 진보적 입장은 실현될 수 없다. 설령 민주적인 방법으로 정권을 잡았다 하더라도 북한과 미국을 설득하지 못하면 무기력한 이상론에 머물 수 있다. 2018년과 2019년 문재인 대통령의 화려한 정상외교가 봉착했던 한계이다. 요한 갈퉁의 "평화는 평화적 수단에 의해서만 이루어진다"는 주장은 남한 보수세력, 북한, 미국의 동의를 이끌어내야만 실현 가능하다는 점에서 근본적 한계를 갖는다. 과연 한국의 진보정치세력은 그런 한계를 뛰어넘을 진보적 평화 대안을 만들어낼 수 있을까?

통일 문제

사실 지금은 누구도 남북한의 통일이 시급하다고 말하지 않는다. 북한 핵문제나 전쟁질서를 꺼내는 순간, 북한이 붕괴

하지 않는 한 통일 문제는 먼 미래의 일일 수밖에 없기 때문이다. 그렇지만 남북한의 통일 문제는 보수와 진보를 막론하고 다양한 정치세력을 판별하고 평가하는 가장 기본적인 기준이 되고 있다.

당연히 보수정치세력은 흡수통일론을 주장한다. 북한의 변화, 체제 전환, 붕괴를 강제 또는 유발하는 방식으로 적극적 흡수통일을 추진할 것이냐, 평화공존 체제 하에서 아래로부터 점진적으로 흡수통일을 추구하느냐의 차이가 있을 뿐이다. 전자가 주류이고, 후자가 비주류 소수파이다. 비주류 소수파가 보수의 주류가 되거나 보수정권을 장악한 경우라면 진보정치세력과의 초당적 협력도 가능할 것이다. 그러나 언제 그런 일이 발생할지 기약할 수 없는 것이 현실이다.

진보정치세력의 경우 기본적으로 흡수통일 반대, 평화공존에 기초한 대등한 통일론을 내세운다. 그러나 대한민국 헌법 정신과 궁극적 지향을 인정하는 부드러운 흡수통일론도 그 속에 내재되어 있음을 부인할 수 없다. 적어도 구조내적 진보의 경우, 그런 입장이 주류이다. 물론 극소수이지만 자칭 진보를 말하면서 이른바 북한 주도의 흡수통일을 지지하는 사람도 있다. 그들은 남한에서 '전민항쟁'을 통해 반미정부, 민중정부를 수립한 후 북한 정부와 점진적으로 통일해 나간다는 생각을 갖고 있다.

최근 진보정치세력 내에서는 이런 두 입장과 달리 남한과 북한 모두를 변화시키는 통일을 추구하거나, 통일을 반대하고 두 국가 체제로 영원한 분단 상태를 기정사실화하는 것이 더 바람직하다는 입장도 많아지고 있다.

북한 핵문제

북한 핵문제는 초기에 북한 핵무기가 실재하느냐 아니냐의 논란, 협상용이냐 자위용이냐는 논란을 거쳐 사실상 핵무기 보유국으로 인정하느냐 마느냐의 논란에까지 이르렀다. 지금까지 북한의 핵무기 개발을 막기 위한 모든 시도는 실패했다. 이제 북한은 전략핵만이 아니라 전술핵, 그리고 다양한 운반 수단과 탐지가 어려운 발사 방법까지 개발하는 수준에 이르렀다. 과연 북한은 핵무기를 포기할 것인가, 아니면 북한이 핵무기를 포기하도록 만드는 방법이 있는가? 현재 보수·진보를 떠나 많은 사람들이 북한은 핵무기를 포기하지 않을 것이고, 북한의 핵무기를 포기하게 만드는 방법도 없다고 생각한다. 과연 당신은 어떻게 생각하는가?

여기에는 상호 불신이 전제되어 있다. 남한에서는 보수든 진보든 북한을 신뢰하는 사람들이 점점 더 적어지고 있다. 북한도 남한과 미국을 근본적으로 신뢰하지 않는다. 여기서 중요한 것은 역지사지易地思之이지만, 그것을 말하는 것조차 비현실적이 되어 가고 있다.

아마 북한은 자신들의 핵무기를 인정하는 평화를 원할 것이다. 그러나 그것은 사실상 불가능하다. 북한은 핵무기가 있고, 남한·일본 등이 북한 핵에 무방비로 노출된 상황에서 북한의 '선의'만 믿는 상황을 현실주의가 지배하는 국제정치에서 용납할 수 없기 때문이다. 북한의 입장을 옹호하는 사람들 중 일부가 이와 같은 주장을 하고 있기는 하다.

그러나 북한의 선의에 기대는 그런 낭만적 주장이 설 자리는 없다. 북한 핵을 인정하는 순간 남한은 그에 맞먹는 미국의 핵우산이나 전술핵 재배치, 미국 핵무기의 공유를 주장할 것이며, 그것이 불가능하다면 독자적인 핵무장을 외칠 것이기 때문이다. 북한 핵을 인정하면서 남한의 반미 자주를 주장하는 해괴망측한 논리를 한국 사회의 누가 인정할 것인가? 아마 남한의 핵무장론자들이나 그것을 인정할는지 모르겠다.

여기서 하나의 가능성이 있다. 북한의 요구처럼 북한의 비핵화만이 아니라 한반도 비핵화에 동의한다면 적어도 논리적으로는 비핵화 가능성이 남아 있다. 그것은 북한 핵에 대응하는 남한과 미군의 무기 체계를 포기하는 문제, 미국의 핵무기에 의한 북한 위협 제거를 담고 있기 때문이다. 만약 그것을 남한과 미국이 포기할 수 없다면 북한의 핵무기 폐기는 불가능하다고 보는 것이 현실적이다.

북한의 핵무기가 실재하고 고도화되고 있다면 당신은 어떤 입장을 취할 것인가? 군사적 조치로는 기본적으로 미국의 핵우산 확대, 다시 말해 북한 핵무기에 대응하는 단계적이고 구체적인 방안, 그리고 각 단계별로 한국의 참여 수준을 높이는 방안이 거론될 것이다. 이른바 '맞춤형 확장억제'가 등장하는 부분이다. 사실상 북한과의 핵 협상이 끝났다고 생각하고, 한반도 비핵화 공동선언이 공식적으로 폐기된다면 미국의 전술핵을 한반도에 재배치하거나 미국과의 핵공유협정을 체결하는 것도 현실적 대안으로 제기될 것이다.

그마저도 믿을 수 없다면 결국 남는 것은 한국의 독자적인 핵무장이다. 사실 한국의 독자적인 핵무장은 미국이 동의하지 않는다면 쉽지 않은 길이다. 그러나 미국이 동의한다면 의외로 쉬운 선택일 수도 있다. 문제는 미국이 동의하는 조건이다. 그것은 북한과의 관계에서 좌우되는 것이 아니라 중국·러시아와의 관계에서 좌우될 것이며, 한국·일본·대만의 핵무장과 관련될 것이다.

최근 들어 체제내적 진보를 주장하는 사람들 중 일부가 한국의 핵무장 옵션을 적극적으로 고려하자고 주장하고 있다. 보수세력 속에서도 독자적 핵무장 주장이 급속도로 확대되고 있다. 일부 여론조사에서는 남한의 핵무장 지지 여론이 70%에 이른다는 결과가 나오기도 했다. 핵을 둘러싼 고민이 대중적 불안 심리로 확대되고 있는 현실을 반영한 것이다. 한국의 독자적 핵무장을 강조하는 사람들은 미국의 핵우산에 의존할 경우 한국의 입지가 너무 좁아지며, 실전 발생 시 현실적 한계가 있다는 것을 강조한다. 그들은 북한과 중국만이 아니라 미국이나 일본을 겨냥해서도 한국의 핵무장 옵션이 한국의 독자성과 자율성을 높여 줄 뿐만 아니라, 그것이 사실상 북한과의 핵군축 협상을 가능케 하는 가장 빠른 길이라고 강조한다. 미국·중국·러시아 간의 새로운 핵군축 협상도 압박할 수 있다는 입장이다. 그들의 주장이 논리적으로 설득력이 없는 것은 아니다. 북한과 미국, 중국, 일본 등에 휘둘리는 남한의 입장을 고려해 볼 때 주체성·자긍심을 높일 수도 있다고 생각되는 지점이 있기도 하기 때문이다.

그러나 남한이 아무리 핵무기 기술이 있고, 엄청난 핵물질을 갖고 있다고 해도 '핵무기' 보장 유혹에 빠지는 순간 핵 공멸의 순간이 앞당겨진다는 것은 명약관화明若觀火하다. 그런 논리에 따르면 전 세계 모든 나라가 사실 핵무기 보유 국가가 되는 것이 핵전쟁을 막을 수 있는 가장 설득력 있는 방안이 된다. 왈츠K. Waltz와 같은 미국의 현실주의자들이 자주 하는 주장이다. 과연 그 길이 우리의 길이라고 할 수 있는가?

나. 편승외교와 균형외교

한·미 동맹

한·미 동맹을 둘러싼 논란도 있다. 사실상 한·미 동맹 해체를 내세우는 세력은 현재와 같은 상황에서는 집권할 수 없다. 그것이 구조적 현실이다. 그만큼 한국전쟁과 더불어 만들어진

한·미 동맹의 질서는 한국 정치와 사회의 구조적 기초를 형성하고 있다. 극우보수들의 태극기 집회 때 미국의 성조기가 단골로 출현하는 것도 이를 반증한다. 보수는 한·미 동맹의 종속성을 강대국과 약소국의 현실을 비교하면서 당연하게 받아들인다. 미국의 보호를 받은 만큼 감수할 수밖에 없다는 것이다.

이른바 구조적 현실을 인정하는 체제내적 진보의 입장에서도 한·미 동맹을 구조적 현실의 일부로 받아들인다. 체제내적 진보의 입장은 한·미 동맹의 종속성을 극복하고 대등한 한·미 동맹으로 만들자는 것이지, 한·미 동맹 해체나 반미가 아니기 때문이다. 물론 집권 자체가 목적이 아니라면 한·미 동맹 해체를 주장할 수 있다. 정치적 수사로 북한을 비판하고 한국의 독자적인 핵무장을 주장하면서 한·미 동맹 해체를 주장하는 정치인의 출현이 불가능한 것도 아니다.

그러나 집권을 염두에 둔 정치세력이 그런 주장을 하기란 쉽지 않을 뿐 아니라 불가능에 가깝다. 그것이 한국 정치의 구조적 현실이다. 물론 미국과 일본의 횡포가 대중적으로 감당할 수 없는 상황이 되고, 한국 내의 민족주의적 열망이 폭발한다면 반미나 극미克美와 같은 혁명적 변화가 나타날 수 있다. 그럴 가능성 자체를 부정할 필요는 없다.

하지만 전쟁의 공포가 남아 있는 한, 북한이 적대세력으로 냉정하게 존재하는 한, 이는 거의 불가능에 가깝다. 그러한 현실을 인정할 필요가 있다.

한·미 관계와 한·중 관계를 둘러싼 논란이 있다. 극단적으로 미·중이 충돌할 경우 한국은 어떠해야 하는가를 거론하기도 한다. 한·미 동맹의 구조 하에서 한국은 그럴 경우 미국의 입장을 지지할 수밖에 없다. 그러나 최악의 상황을 가정하면서 평상시, 또는 일시적인 갈등 상황에서 한·미 관계와 한·중 관계를 규정하는 것은 지극히 단편적이거나 유아적인 태도이다. 아마 한국의 주권조차 내줄 수 있다는 뼛속까지 파고든 미국편승론에 사로잡혀 있는 경우가 아닐까.

한·미 동맹이 한국 외교안보의 기초를 이루고 있지만, 한·중 관계를 악화시키지 않기 위해 노력하는 것이 필요하다. 미·중 패권 갈등에서 한국이 조정자까지는 아니더라도 갈등 악화를 막는 역할을 할 수도 있다. 만약 일본에 진보정부가 들어선다면 한·일 협력을 통해 미·중 갈등을 조정하는 일도 가능할지 모른다. 현재 일본의 야당세를 고려할 때 상상할 수 없는 일이지만, 국제정치의 새로운 영역을 개척해 나간다는 관점에서 그런 노력을 계속하는 것은 매우 중요하다.

한·일 관계

한·일 관계가 미래지향적으로 발전하지 못하는 것은 한국의 반일 정서 때문이 아니라 일본의 반성하지 않는 태도 때문이다. 바로 이 점을 분명히 할 필요가 있다. 만약 일본의 주류

정치가 앞으로도 반성하지 않고 아베식 태도를 계속 유지한다면 한·일 관계의 생산적 발전은 쉽지 않을 것이다. 일본 정치의 한계가 일본 문제에 대한 한국의 접근을 제약하고 있기 때문이다. 그것을 북한의 존재, 또는 북한과의 평화공존을 원하는 세력 때문이라고 주장한다면 그들은 문제의 본질을 호도하는 것이다. 그것이야말로 일본 군국주의 세력의 논리이다. 만약 일본이 미국이나 한국처럼 양당제 질서를 갖고 있다면 문제를 풀기가 좀 더 쉬울 것이다.

그러나 일본은 그렇지 않다. 민주 국가라지만 이상한 민주 국가다. 사실상 일당독재 국가가 아닌가? 계파 독재가 아니라는 점에서 민주적 요소가 있지만, 일본이 선진국 가운데 가장 이상한 정치를 하고 있는 것은 분명하다.

이런 상태에서 한국의 보수정치세력은 일본의 반성하지 않는 태도가 있더라도 한국 국민을 고려해 형식적이나마 사죄하고 보상한다면 한국이 양보해서라도 한·일 협력 관계를 유지해야 한다고 생각해 왔다. 박정희 정권 이래의 생각이다. 그런데 최근에는 아예 일본의 과거사 반성이 없더라도 한·일 관계를 복원해야 한다는 주장이 득세하고 있다. 윤석열 정부의 입장이다. 북한 핵문제 대응 방안의 한계를 절감한 일부 학자들 사이에서도 그런 주장이 나오고 있다.

김대중-오부치 선언은 한·일 관계 발전을 위한 훌륭한 성과이지만, 그것을 부정하고 있는 것은 한국이 아니라 일본이라는 점을 분명히 해야 한다.

특히 여기서 두 가지 점을 분명히 해야 한다. 하나는 한국의 보수가 북한과 북한 핵을 빌미로 친일적 태도를 정당화하는 것을 명확하게 지적하고 비판해야 한다는 것이다. 다시 말해 반북=친일, 반일=친북이라는 프레임을 깨야 한다는 것이다. 다른 하나는 한·일 협력을 반대하는 것이 아니라 제대로 된 한·일 협력을 위해서도 일본이 바뀌어야 한다는 점을 분명히 말해야 한다는 것이다. 만약 일본이 과거사를 제대로 반성한다면 한국과 일본은 한반도와 동아시아, 세계적 범위에서 새로운 변화와 진보를 위한 국제적 협력을 이끌어낼 수 있는 주도적 힘이 될 수도 있다.

따라서 일본에서 그런 협력의 파트너가 존재하기를 바라고, 그런 세력이 성장하도록 지원할 필요가 있다. 그런 것을 공공연하게 주장하면서 극우 지한파가 아니라 진보 지한파를 대대적으로 육성할 필요도 있다. 한국 정치가 일본 정치에 개입하면서 한국의 진보와 일본의 진보가 동반성장하는 미래를 꿈꿀 수도 있지 않은가? 그렇다면 한반도와 동북아에서 상상할 수 없는 변화를 만들어낼 수 있다. 그것이 새로운 정치의 시작이다.

VI

진보정치의 혁신과
재구성

1. 다양한 진보는 피할 수 없는 현실

진보의 위기는 현실이다. 지금까지 보수와 진보 개념, 유럽과 미국에서의 진보, 한국 진보의 역사와 현실, 대선 결과와 진보정치의 혁신 논란을 검토한 것은 최악의 상황에 처해 있는 한국 진보정치세력의 재구성과 새 출발을 고민해 보기 위해서였다. 문제의식이 비슷한 사람들과 치열하게 토론하면서 새 길을 찾고 싶기 때문이다.

과거의 특정 '이미지'나 '관성', 혹은 '도그마'에 갇힌 진보가 아니라 변화하는 현실에 역동적으로 개입하면서 영향력을 키워 나가는 그런 진보가 필요하다. 운동권 동창회에서 벗어나, 세대와 성의 차이를 넘나들면서 유연하고 유쾌하게 새로운 힘을 만들어 가야 하지 않겠는가. 지금 당장 우리가 하지 않으면 안 될 일들이 차이를 넘어 함께하는 기준이 될 것이다. 시대적 과제를 중심으로 작은 차이를 넘어서자는 것이다.

작은 차이를 중심으로 본다면 지금은 바야흐로 진보의 다원주의 시대이다. 사회적 자유주의, 사회민주주의, 다양한 진보적 민족주의, 민주사회주의, 생태사회주의, 기본소득, 페미니즘 등을 앞세우는 다양한 진보정치그룹이 있다. 좌파적 성향이 강한 세력들의 연합을 추구하는 정의당, 민주노동당의 부활을 꿈꾸면서 민주노총이 주도하는 진보연합당을 추구하는 사람들도 있는 것 같다. 특이하게 양당제 극복을 가장 시급한 진보적 과제로 보고 진보중도연합을 추구하는 세력들도 있고, 당사자들은 인정하지 않을지 모르겠지만 반북보수진보연합도 존재하는 것 같다. 과연 여러분은 어떤 진보인가?

현재 더불어민주당 내의 진보정치는 존재감이 없다. 민주당의 많은 사람들이 스스로 진보라고 자임하면서도 그 진보가 무엇인지를 명확하게 말하지 못한다. 중도확장도 진보이고, 좌파정책 강화도 진보이다. 김대중 정신도 진보이고 노무현 정신도 진보이다. 과거의 언어를 반복하는 것이 아니라 지금 이 순간의 정치적 쟁점과 정책적 과제를 통해 진보적 가치와 지향을 분명히 하는 민주당 사람들이 많아지면 좋겠다. 윤석열 정부를 비판하고 반대하는 사람들 간의 연대와 협력이 필요하지만, 그들이 다 진보는 아니지 않는가?

민주당과 달리 독자적인 진보정당운동의 필요성을 강조하는 사람들의 진보정치는 스스로 고립과 해체를 자초하고 있는 듯하다. 그리고 안타깝게도 그 이유와 근거를 명확히 설명하고 있는 사람들이 안 보인다. 거대 양당 때문에 힘들다는 얘기를 하지만 그것이 평가와 반성의 핵심 내용일 수는 없지 않은가? 민주노동당 때도, 정의당 때도 잘 나갈 때가 있지 않았는가? 그때와 달리 지금은 혁신 재창당을 하든, 새로운 연합을 시도하든 간에 생존 자체가 쉽지 않은 상황이다.

그러나 어느 곳에서도 그 원인 분석을 제대로 하는 것을 본

적이 없다. 나는 진보정당이 사회를 바꾸고 세상을 바꾸는 것
보다 '조직 이익', '의석 확보'에 목을 매달면서 그런 일이 발생
했다고 본다. 민주당과의 연합정치 실패도 바로 그 점을 명확
히 하지 못했기 때문이라고 본다. 민주당을 무조건 지지하라
는 것이 아니라 사회를 바꾸고 세상을 바꾸기 위해 연합할 수
도 있고, 비판할 수도 있기 때문이다. 그 결과 진보정치의 독
자성과 연합정치를 조율하면서 성장과 발전의 동력을 만들어
내는 데 실패한 것이다. 민주당 탓이 답은 아니다. 민주당 욕
이 답이 아니다. 민주당과는 다른 의미에서 그들을 설득하고,
그들을 코너에 몰면서 대중적 지지를 이끌어내는 능력이 부
족했다. 바로 그 점에서 반성과 혁신, 정치적 책임론이 나와야
하는데 그런 논의가 없다.

그 밖의 다양한 진보정치세력들은 아직 자신들의 존재 근
거를 제대로 확보하지 못하고 있다. 녹색당이든, 노동당이든,
진보당이든, 페미니즘 세력이든 확실한 생존과 발전의 가능
성을 보여주지 못하고 있다. 지난 지방선거에서 정의당보다
나은 성적을 기록하고, 보궐선거에서 국회 의석을 확보한 진
보당은 내년 선거에서 약진할 것으로 자신하고 있다. 과연 그
들이 한국 정치에서 얼마나 약진하고 성장할 수 있을까? 민주
노동당과 통합진보당을 거치면서 그들을 경험했던 수많은 사
람들이 보기에 쉽지 않아 보인다. 물론 그들이 북한과의 관계
나 이른바 다수파의 패권 논리를 뛰어넘을 수 있는 성숙한 정

치적 지혜를 얻었다면 충분히 가능할 수도 있다. 그들이 다른 운동권 집단보다 강한 헌신성과 열정, 지속성과 안정성을 갖고 있다는 것을 알고 있기에 그렇게 변한다면 충분히 가능하다고 본다. 과연 그럴 수 있을까? 만일 그렇게 된다면 새로운 연합도 가능하지 않을까?

무너져 내린 과거의 진보정치를 아쉬워하지 않을 사람이 누가 있겠는가? 그러나 역사의 물줄기를 과거로 되돌릴 수는 없는 일이다. 과거로 회귀하거나 과거의 인식에 머문다면 미래는 없다. 우리는 변화하는 세계에 살고 있기 때문이다.

나는 고 노회찬 의원이 갖고 있던 최고의 장점은 그의 말솜씨보다도 진보의 원칙과 가치를 변화하는 현실에 맞게 적용하기 위해 끊임없이 고민하고 실천했던 데 있었다고 본다. 바로 그런 장점이 그의 말솜씨를 통해 드러난 것이다. 그의 5주기를 보내면서 과거의 그를 박제화하는 것이 아니라 역동적인 그의 삶과 태도를 기억하면서 현실의 위기에 맞서는 사람들이 많아지면 좋겠다. 진보정치 위기의 시대에 작심하고 "내 탓이오"를 말했던 그의 마지막 외침이 아직도 귀에 쟁쟁하다.[44]

사람들마다 저마다의 진보를 주장하는 것은 당연하다. 그럴 권리도 있다. 누가 그것을 부정하겠는가. 그러나 스스로

44　노회찬·구영식, 『대한민국 진보, 어디로 가는가?』, 비아북, 2014.

자임한다고 세상이 인정해 주는 것은 아니다. 그럴 권위 있는 주체는 사라졌다. 스스로를 권위 있는 주체로 만들어 가는 일만 남았다.

다 망했기 때문에 오히려 다시 시작하는 게 쉬울 수 있다. 어중간한 것보다는 확실히 망한 것이 더 낫지 않을까? 나도 진보정당운동에 매진했던 과거를 과거의 역사로 넘긴다. 과거의 진보가 아니라, 이 시대에 맞는 진보정치의 길을 다시 시작하고 싶기 때문이다. 100년 가는 미래 정당을 만들겠다는 꿈은 이미 버린 지 오래이다.

그러나 이 시대에 가장 멋지고 효과적으로 싸울 수 있는 진보정당은 여전히 필요하다고 생각한다. 그런 세력을 만드는 데 일조하고 싶다. 그다음은 그다음 세대에게 맡길 수밖에 없지 않을까?

2. 진보의 공론장을 활성화해야
– 진보세력의 경쟁과 소통의 장

진보정치의 재구성은 낡은 진보에 대한 평가, 새로운 시대적 과제에 대한 통찰, 현실적으로 제기되는 정치적 쟁점에 대한 치열한 분석과 토론을 통해 이루어질 수밖에 없다. 그것은 골방 속 토론이 아니라 대중적 삶의 현장, 대중투쟁의 현장에서 진행되어야 하며, 2024년 국회의원 선거, 2026년 지방자치단체 선거, 2027년 대통령 선거와 같은 정치적 계기를 매개로 치열한 경쟁을 통해 검증되어야 한다. 골방 속 토론이나 사안별 대중투쟁에 전념하는 것만으로는 정치를 바꿀 수 없고, 세상을 바꿀 수 없다. 진보정치는 민주선거를 통해 존재감을 드러내야 한다. 선거를 활용해 세력을 키울 수 있어야 한다는 것이다. 선거를 통해 거대한 물줄기를 바꾸고, 새로운 디딤돌을 놓아야 하지 않겠는가? 한마디로 현실정치 속에서 생존하지 않고는 기존 정치를 교체할 수 없기 때문이다.

진보적 가치와 정체성은 구체적인 정책과 정치 쟁점을 통해 드러날 수밖에 없다. 그것은 갈등과 고통을 초래하는 현실, 기업가들과 강자들의 이익을 앞세우는 세력들과의 치열한 투쟁 속에서 확립돼 온 것이다. 그러나 세상은 흑과 백으로만 나눠져 있는 것이 아니다. 보수세력 내에서도 다양한 의견과

정책이 있고, 진보세력 내에서도 다양한 정책과 의견이 있기 때문이다. 그 속에서 쟁점을 도출하고, 논쟁하며, 선거를 통해 확보한 권력으로 실천해 나가면서 대중들의 삶을 변화시켜야 한다. 전선을 긋고, 경쟁과 협력의 길을 만들면서 성과를 축적해 나가야 한다. 그 과정을 대중과 함께하는 것이다. 그래야 진보정치의 대중적 기반이 탄탄해질 수 있지 않겠는가? 왜 개딸(개혁의 딸)은 있는데 진딸(진보의 딸)과 진들(진보의 아들)은 없는가?

그러나 어느 순간부터 관성과 당위가 치열한 실천적 모색과 연구, 토론을 대체하기 시작했다. 잘못된 사실, 왜곡된 사례가 정책의 근거로 제시되고, 당위나 다수의 힘이 토론을 가로막기도 했다. 잘못될 가능성이 제기되었음에도 불구하고, 음모적 정무 감각은 그것을 단순하게 배제해 버린다. 군중들의 패싸움 논리가 정책 선택과 집행을 좌우하기도 한다. 그렇게 잘못 선택한 정책들은 대중적 반발과 보수세력의 훌륭한 먹잇감이 되어 되돌아온다. 문재인 정부의 부동산 정책과 교육 정책에서 그런 현상이 가장 많이 나타났다.

그럼에도 불구하고 반성과 혁신은 뒷전이다. 그런 분위기가 진보정치의 위기를 불러온 것이다. 진보적 가치와 정책들의 현실적 근거를 복원하고, 합리적 토론과 검증 문화가 부활해야만 진보정치의 설득력이 생기고, 위기를 극복할 수 있는 힘도 생긴다.

진보적 정책과 기존 질서를 조율하는 문제는 진보정치의 단골 쟁점이자, 중요한 고민 지점이다. 정치 질서의 근본적 변혁이 불가능한 상황에서는 선거를 통한 집권과 정책 실행 과정에서 진보정치의 실력이 드러날 수밖에 없다. 현실타당성 있는 진보적 정책을 제시하면서, 동시에 기존 질서를 유지하는 정책들과의 관계를 조율하고 새로운 질서를 확대할 수 있는 힘을 만들어 나가는 수준 높은 정치적 능력이 요구된다는 것이다. 만약 그런 능력이 없다면, 진보적 정책도 실패하고 대중적 반발로 인해 정권은 교체될 수밖에 없다. 선거를 통해 권력의 향배가 결정되는 현실에서 정책 실패는 곧 지지율의 하락과 표의 이탈을 의미한다.

따라서 진보적 정책의 입안과 집행, 평가 과정이 합리적으로 재정비될 필요가 있다. 진보적 정책을 잘 이해하면서 다른 정책과의 관계, 현실적 후과 등을 잘 파악하고 있는 전문가들이 정당과 정부에서 정책 입안과 실행을 선도할 필요가 있다. 정권을 장악하려는 집단이라면 정치꾼 못지않게 정책 조정 능력을 갖춘 사람들을 중시하고 육성해야 한다.

사실 지금 우리가 직면하고 있는 진보정치의 위기는 바로 이런 문제와도 관련 있다. 진보적 방향에서 문제를 해결하고 싶은 욕구는 강하지만 현실적 저항을 의식해서 알맹이 빠진 정책, 이른바 무늬만 진보인 정책을 남발한 결과, 엄청난 후과를 치르게 된 사례가 있다. 대표적인 것이 부동산 정책 실패이다. 또 성과와 업적에 대한 강박관념 때문에 다른 정책이나 변수들을 고려하지 못하고 밀어붙이다 논란을 키운 사례도 한둘이 아니다. 최저임금 인상, 인국공(인천국제공항공사) 사태 등이 그것이다. 또한 현실을 전혀 고려하지 않고 당위만으로 밀어붙이다 문제가 발생한 수능절대평가를 둘러싼 논란도 있다. 그런가 하면 당연한 현실의 요구이자 평화공존의 미래를 만들기 위해 반드시 필요한 정책임에도 정쟁과 논란을 의식해 회피한 사례도 있다. 북한에 대한 국가 승인을 가로막는 헌법 개정 및 국가보안법 철폐 등이 그것이다.

문재인 정부의 실패는 문재인 정부만의 실패가 아니다. 정책 결정과 집행 과정에서 어떤 문제가 발생했고, 어떤 잘못을 저질렀는지 냉정하게 검토하고 이를 극복하기 위해 노력하지 않는다면 실패는 반복될 것이고, 그것은 결국 진보의 몰락으로 이어질 것이기 때문이다.

정치는 치열한 갈등의 산물이다. 민주정치는 폭력적으로 갈등을 해결하는 것이 아니라 민주적으로 갈등을 관리하면서 갈등의 전환·해결을 꾀하는 것이다. 차이와 다름을 인정하되 공존의 기초를 확인하면서 합의를 모색하고, 그것이 어려우면 다수결을 통해 의사결정하고, 그 결과에 책임지는 것을 의미한다.

그러나 현재 우리 정치는 선거를 통한 공직 선출, 의회를 통한 법제도의 결정이라는 형식적 민주 절차만 남아 있고, 사실상 전쟁이나 다름없는 격렬한 정쟁으로 날을 지새고 있다. 대중적 상식이나 객관적 사실에 부합하지 않는 '억지로 우기기'가 너무도 당연한 토론의 기술인 양 횡행하고, '가짜뉴스'를 근거로 한 주장조차 국회에서 걸러내지 못하고 있다. 또 진흙탕에서 살아남을 수 있는 능력이 정치적 생존 능력으로 각광받는다. 수단과 방법을 가리지 않고 목표를 달성하면 좋다는 정치판의 현실은 아비규환의 지옥도가 따로 없다. 언론은 공론장으로서의 역할을 상실했고, 국회는 숙의민주주의 공간이길 거부하고 있다.

이와 같은 상황에서 정치판은 정치공학에는 능하지만 민생현안을 해결할 능력이 없는 정치꾼들이 장악하게 될 것이고, 중요한 국가 정책 결정은 몇몇 관료들에 의해 좌우될 수밖에 없다. 관료들과 재벌들의 이윤 추구 논리는 기존 질서 속에서 자연스럽게 한몸이 되어 '경제살리기'라는 미명 아래 법제화될 것이다. 중요한 것은 혐오스런 정치판만 바꾸는 것이 아니라 관료들이 지배하는 정책 결정 과정도 바꿔 내야 한다는 것이다. 노무현 정부와 문재인 정부의 실패 경험에서 관료들이 무슨 역할을 했는지 기억할 필요가 있다.

3. 구조와 시대에 맞서는 진보대연합의 정치

구조적 제약에 맞설 수 있어야 진보정치

구조란 사고와 행동을 좌우하는 보이지 않는 인식의 틀을 말한다. 그것은 법과 제도, 돈이나 이익 같은 물질적 기반, 그리고 의식과 경험의 축적을 바탕으로 형성된다.[45] 지금 한국 사회를 보이지 않게 지배하고 있는 힘이라고 할 수 있다.

그러나 수많은 사람들이 그런 구조의 존재를 인정하면서도 그것을 뭐라고 하는지는 다 다르다. 어떤 사람들은 미국이라 하고, 어떤 사람들은 재벌들이라고 한다. 물론 하나님이라고 하는 사람들도 있고, 민중이나 시민이라고 하는 사람들도 있다. 그 모두 나름의 힘을 가진 존재들인 것은 분명하지만, 사회과학적 의미의 '구조'를 말하는 것이라 하기는 힘들다.

사실 우리의 사고와 행동을 규정하고 있는, 보이지 않는 구조적 틀은 수십 개가 넘는다. 가족부터 국가, 세계에 이르는 공동체적 틀과 법규, 도덕, 돈과 직장 등이 다 그런 구조적 틀을 형성하거나 그 일부이다. 따라서 복합적이고 중층적으로

---

45 구조와 행위자를 둘러싼 다양한 입장이 있다. 나는 그람시의 주장을 국제정치에 접목시킨 R. 콕스의 입장을 수용한다. 로버트 콕스, 「사회세력, 국가, 세계질서 : 국제관계이론을 넘어서」, 『국제관계론 강의 2』(한울, 2004).

구조가 결합되어 작용한다고 할 수 있다.

나는 한국 정치의 변화와 관련해 가장 핵심적으로 극복해야 할 구조적 제약이 세 가지 있다고 생각한다. 세 가지 문제가 아니라 세 가지 구조적 틀이다. 그것에 얽혀 수십 가지 문제가 발생하고 있기 때문이다.

지금 한국의 진보정치를 규정하고 있는 구조적 제약은 첫째, 세계 자본주의 질서 속에 철저하게 결박되어 성장해 온 경제구조이다. 성장과 분배를 둘러싼 해묵은 논란도 한국 경제의 구조적 현실을 도외시한 채 전개될 수 없다. 성장도 좋고 분배도 좋지만 세계 경제에 결박되어 있는 한국 경제의 안정성을 확보하려는 노력 없이 추진될 수 없기 때문이다. 경제가 흔들리고 먹고사는 문제가 어려운 상황에서 진보적 가치와 대중적 기반을 어떻게 결합할 것인가를 고민하는 진보정치세력은 그 의미가 무엇인지를 명확하게 알아야 한다. 노동해방이라는 추상적 주장이 아니라, 최저임금 인상액을 구체적으로 얼마로 정해서 밀어붙이느냐의 문제이다. 무조건 많이 인상이 답이 아니라는 것이다. 당연히 반대세력이 있기 때문에 타협을 해야 한다. 그때 어느 선에서 타협해야 한다는 절대적인 답은 없다. 그러나 그런 과정 속에서 노동자와 노동조합의 이익을 수호하고, 노동운동에 대한 대중적 지지를 얻을 수 있는 힘이 생긴다. 최저임금을 심의하는 곳에 그런 생각 없이 들어갔다면 그것은 심각한 문제이다. 어떨 때는 타협해야 하고,

어떨 때는 협상장을 걷어차고 나와야 하는데, 왜 그랬는지를 대중적으로 납득시킬 수 있어야 한다.

하지만 나는 정의당이, 진보당이, 민주노총이 그런 문제에 대해 진지하게 심사숙고하는 모습을 보지 못했다. 그것은 일자리 문제, 비정규직 처우 개선과 정규직화 문제, 호봉제와 직무급제 논란, 동일노동 동일임금 적용 등 한국의 자본주의 경제와 노동자들의 계급적 이익을 둘러싼 수많은 쟁점들과 연결되어 있다. 아니 그것을 어떻게 정치화할 것인지와 연결되어 있다.

우리가 피할 수 없는 또 하나의 구조적 제약은 70년 넘게 이어져 오고 있는 한반도의 전쟁 구조와 한·미 동맹이다. 남북 관계, 한·중 관계, 한·일 관계를 규정하는 것이 바로 그 전쟁 질서이고 한·미 동맹 구조이기 때문이다. 그것을 인정하면서도 변화시킬 수 있는 힘을 만드는 것이 진보정치의 가장 중요한 과제 중 하나이다. 세 차례 정권교체가 됐음에도 불구하고 전시작전통제권을 아직 환수하지 못했다. 여섯 차례 진행된 남북 정상 간의 회동에도 불구하고 한반도 평화체제는 구축되지 않았다. 또한 북핵 문제도 여전히 해결되지 않았다. 왜 그랬을까? 그것이 바로 한국 사회와 정치, 심지어 외교안보를 지배하고 있는 구조적 현실이다. 그런 구조적 현실을 바꿀 수 있는 힘을 갖지 않고서는, 그러기 위한 정치를 하지 않고서는 결코 바뀌지 않을 것이다. 남한의 보수정치세력을 압도하고,

미국을 변화시킬 수 있는 구조적 힘과 정치력을 만들어내지 못한다면 남북 관계, 한·일 관계, 한·중 관계의 균형적 발전은 불가능하다. 그것이 우리를 옭아매고 있는 구조적 현실이다.

1987년 6월항쟁 직후에도, 1997년 IMF 직후 치러진 대선에서도, 2017년 촛불항쟁 직후에도 한국 사회에서 보수를 지지하는 묻지마 유권자가 35% 이상이었다. 보수세력의 총단결이 이루어지는 경우, 50%에 가깝거나 그 이상이 되는 유권자들이 콘크리트처럼 결합한다. 영·호남의 지역감정은 그것을 이중으로 구조화시킨다. 영남에 기댄 보수정치세력과 호남에 기댄 민주진보세력은 한국 정치의 복잡한 중층 구조의 일부이다.

그런 구조를 능수능란하게 이용하는 것이 바로 보수정치세력이고, 그런 보수정치세력을 좌우하는 것이 영남을 기반으로 하는 지역주의이며, 그 위에 보수 기독교세력과 보수 불교세력을 비롯한 다양한 종교세력이 똬리를 틀고 있다. 보수적 유권자들이 끊임없이 자신들의 존재를 드러내는 이면에는 이들이 결합된 구조적 연결망이 작동하고 있다.

그동안 지역주의를 깨기 위한 다양한 정치적 시도가 있었다. 지역주의 청산을 외쳤던 노무현 전 대통령이 한쪽에 있다면, 호남 진입을 시도했던 안철수·김종인·이준석·윤석열 등의 시도가 다른 한쪽에 있었다. 사실 2008년 민주노동당의 분당이 안타까운 것은 한반도의 전쟁질서와 지역감정 구도를 진보적 방식으로 변화시킬 수 있을 만큼 골고루 지지를 받고 있었던 것이 민주노동당이었기 때문이다. 경상도든 전라도든 충청도든 자본-임노동 관계가 존재하지 않는 곳이 없었기 때문이다.

그러나 민주노동당은 국민의 기대를 자신들의 무능으로 인해 걷어차 버렸다. 북한 문제와 다수파의 패권주의는 비주류 진보세력의 최고 약점이 되었다. 북한과 달리 북한을 한국 사회의 진보 담론으로 다룰 수 있는 능력, 한국 사회의 소수파이기에 진보정당운동에서만큼은 다수파와 소수파의 충돌을 조율·전환할 수 있는 능력을 보여주어야 했는데, 그들 못지않은 존재라는 것을 드러낸 것이다. 2008년 민주노동당의 분당, 2012년 통합진보당 사태가 바로 그것이다. 한국 사회의 변화와 진보, 한때는 변혁과 혁명을 이야기했던 세력들이 스스로의 무능으로 그 기회를 걷어차 버렸다면, 그 세력들이 과거의 방식으로 다시 일어설 수 있을까? 그것은 불가능한 일이다. 반성하고 또 반성할 일이다.

사실 한국 사회의 구조적 현실을 어떻게 바꿀 것인가는 한국 진보정치의 근본 화두이자 과제이다. 구조내적 진보든 구조를 넘어서려는 진보든 이 문제에 대한 해법을 갖고 있지 못하다면 스스로 진보라는 말을 할 자격이 없다. 논쟁하고 토론하더라도 바로 그런 문제에 답할 수 있는 논쟁과 토론이어야 한다. 그렇지 않다면 탁상공론에 그치거나 운동권 룸펜들의 자의식의 충돌에 불과할 것이다. 룸펜들이 너무 많다. 진보정치세력들의 논쟁은 그런 구조적 현실을 바꾸는 관점과 방법론을 둘러싸고 벌어져야 하지 않는가? 구조를 바꾸고, 세상을 바꾸는 일은 그 속에서 가능하기 때문이다.

그러나 어느 순간 진보정치는 의제 설정 능력과 전략 구성 능력을 잃어버리고 기성정치의 프레임에 끌려다니기 시작했다. 구조적 현실에 대한 인식이 사라지고 있기 때문이다.

시대적 과제와 정면 대결하는 것이 진보의 존재 이유

지금 한국의 진보정치는 구조적 현실에 대한 저항과 대결을 포기했을 뿐 아니라 다가오는 미래의 위협에도 효과적으로 대응하지 못하면서 존재감을 잃어버리고 있다. 진보정치세력이 꼰대 소리를 듣는 이유는 바로 이 때문이다. 실질적인 문제해결 능력 없이 과거의 경험이나 자기 생각만을 앞세우는 사람들이 꼰대 아니던가?

그런 의미에서 진보정치세력은 시대적 과제와 정면으로 대결함으로써 자신들이 살아있는 진보임을 입증해야 한다. 그래야 세대와 성의 차이를 넘어선 융합과 연대가 가능하다. 겉모습만 MZ세대 흉내낸다고 MZ세대와 하나가 될 수 있는 것이 아니다. 같은 시대를 살고 있는 존재로서의 공감이 서로 다른 처지를 뛰어넘을 수 있는 힘이 된다.

앞에서도 말했듯이, 지금 4차 산업혁명과 디지털 전환이 전통적인 자본-임노동 관계를 근본적으로 뒤흔들고 있다. 앞으로 정규직은 점점 더 줄어들 수밖에 없을 것이다. 반면 비정규직은 점점 더 늘어나고, 인간다운 삶을 위협하는 임금 수준과 분노를 유발하는 임금 격차, 언제 해고될지 모르는 불안감과 취약한 복지제도는 생존 자체를 위협할 것이다.

그런 상황에서 정규직 중심의 노동운동이 비정규직과 실질적으로 연대하지 않고 무늬만 연대 수준에 머무른다면 노동운동의 양상은 완전히 새로운 방식으로 전환될 것이다. 디지털 전환에 기초한 자본주의는 자본-임노동 관계만 아니라 생산과 소비의 패턴과 흐름도 바꿀 것이다. 자본주의를 교란시키는 힘이 임노동 관계가 아닌 생산과 소비의 새로운 틀에서 등장할 수도 있다는 것이다. 자본주의에 대한 기술적 도전, 생산과 소비의 뒤섞임 속에서 형성되는 새로운 주체, 즉 '프로슈머 prosumer'[46]가 새로운 도전 세력이 될 수도 있고, 금융자본의 새로운 변화가 자본주의를 위협할 수도 있다.

기후위기는 삶과 일자리를 근본적으로 뒤흔들면서 점점 더 상상할 수 없는 많은 문제들을 동반하면서 등장할 것이다. 전통적인 재난과 질병 방지 대책들이 무용지물이 되면서 재난

---

46 프로슈머(prosumer)는 producer(생산자)와 consumer(소비자)를 결합시켜 만든 신조어이다. 최근에는 professional(전문가)과 소비자를 결합시키는 것으로 해석하기도 한다. 한글로는 생산자와 소비자를 결합시켜 '생비자'라고도 한다.

앞에 방치된 수많은 사람들의 모습이 가시화될 것이며, 탄소 중립 전환으로 인해 일자리를 잃는 수많은 노동자들의 문제가 사회문제로 등장할 것이다. 또한 수백 년에 걸친 삶과 경제의 관성에서 벗어나지 못한 기업과 경제는 한 나라의 차원만이 아니라 전 세계적 차원에서 기후위기를 가속화시킬 것이다. 빈번한 팬데믹과 살기 위해 국경을 넘는 수많은 난민들의 존재도 일부 지역에 국한된 현상이 아니게 될 것이다. 변화를 거부하고 기득권을 지키려는 사람들과 새로운 변화 속에서 생존권을 추구하는 사람들, 변화를 강제하기 위해 부각되는 새로운 제도와 규제들은 기후위기 문제가 단지 어느 한 부분의 전환이 아니라 경제, 정치, 재난과 복지 전반을 뒤흔드는 대전환을 의미한다는 것을 보여줄 것이다.

그 속에서 낡은 진보는 더 이상 설자리가 없다. 투쟁과 실천만이 새로운 진보의 동력을 만들어낼 것이다. 문제는 사람들이 미리미리 움직이지 않는다는 것이다. 대부분의 사람들은 일이 터지고 나서야 움직인다. 그래서 인내심을 갖고 오랫동안 꾸준히 준비하면서, 재난과 팬데믹 상황에서 존재감을 드러내야 한다. 그들이 진보적 정치 동력으로 수렴되지 못한다면 인종주의나 국수주의, 기후위기를 앞세운 새로운 독재 체제의 동력으로 작용할 수도 있다. 기후위기는 새로운 형태의 우익 포퓰리즘의 온상이 될 수도 있고, 좌파 역시 그런 포퓰리즘에 의존할 가능성도 높아진다.

또한 전통적 전쟁질서와 뒤엉킨 대규모 충돌과 전쟁은 그 모든 전환의 위기를 일시에 뒤집으면서 인간의 삶을 순식간에 파괴해 버리는 대공포를 가져올 수 있다. 그것을 막아내려는 평화세력, 진보세력의 힘이 약하다면 충돌과 전쟁은 상상할 수 없는 비극적 미래를 초래할 수 있다. 무기 발사와 폭발로 인한 '열전'의 엄청난 피해만이 문제가 아니다. 전쟁은 복수와 증오의 감정을 활화산처럼 불태우면서 극단적 집단 갈등과 살육의 역사를 재현할 수도 있기 때문이다. 그래서 전쟁과 충돌로 이어지는 갈등을 생산적인 차이로 바꾸기 위한 노력은 특별히 중요하다. 그것은 시민운동이나 촛불행동만이 아니라 국가 정책을 결정하는 관료들과 정치인들을 바꾸어 내면서 실질적인 정치교체를 이끌어내는 것으로 이어져야 한다. 그렇지 않으면 눈앞에서 수많은 사람들이 다치고 죽어가는 비극을 막을 수가 없다.

그렇다. 지금 우리가 당면한 시대적 과제는 삶과 죽음의 문제이다. 즉, 생존의 문제이다. 그 앞에서 작은 차이를 앞세워서는 안 된다. 차이를 무시하고 배제하는 것이 아니라 큰 협력과 통합 속에서 작지만 소중한 차이를 다루는 능력이 필요하다. '대大를 위해서 소小를 희생'하는 낡은 통일단결의 논리가 아니라 큰 문제를 우선하면서도 작은 차이를 함께 고려하는 수준 높은 통일단결의 실천이 필요하다. 그것을 실현할 능력이 없다면 통합과 단결은 이루어지지 않고, 우리가 직면한 시대적 과제는 해결되지 않으며, 위기와 공포가 우리의 삶을 덮쳐 올 수밖에 없을 것이다. 차이를 인정하면서 함께 힘을 모을 수 있는 능력이 필요한 때다.

작은 차이를 인정하면서 대승적 연대의 길 찾아야

사실 정치적·정책적·이념적 다양성은 인정해야 하고 인정할 수밖에 없다. 무엇보다 정당 조직의 다양성을 인정하는 것이 기본 전제이다. 다양한 정당 조직은 저마다의 정치적 독자성을 상징한다. 여러 세력이 연합정당을 창당할 수도 있고, 특정 이념이나 정책적 순수성과 독자성을 강조하는 창당도 가능할 것이다.

그렇지만 중요한 것은 한국 사회의 낡은 정치 구조를 바꾸고, 시대적 과제를 해결하기 위해서는 공동의 실천을 모색하지 않으면 안 된다는 것이다.

그런 의미에서 작은 차이를 존중하면서도 실천적 연대와 연합을 이끌어내는 수준 높은 정치력을 발휘할 필요가 있다. 2020년 총선에서의 위성정당 논란, 2022년 대선 후보단일화 논란, 조국 사태를 둘러싼 논란, 박원순 시장의 성폭력 논란 등은 진보정치세력 내에서 첨예한 입장 차이를 낳았던 쟁점들이다.

우리는 서로 입장이 다른 사람들을 감정적으로 혐오하거나 배제하는 방식으로 사태가 전개되어 왔던 것을 기억하고 있다. 따라서 그것을 아예 무시하거나 배제할 수는 없을 것이다. 하지만 차이를 인정하되 충분하고 깊이 있는 토론과 상호작용을 진행할 필요가 있다. 중요한 것은 그 때문에 지금 당장 같이할 수 있는 문제들을 하지 못해서는 안 된다는 것이다.

예컨대 지난 대선에서 이재명 후보를 지지한 사람들과 심상정 후보를 지지한 사람들이 진보적 가치와 정책을 공유하는 부분이 많다면 조직이나 실천을 같이할 수도 있는 것 아닐까? 반대로 입장 차이가 다음 대선 때까지도 좁혀지지 않는다면 다음 대선 후보를 공동으로 선출하는 것은 불가능할 것이다. 그러나 서로 입장을 존중하면서 차이를 드러내고 공감대를 넓혀 나갈 수 있다면 다음 대선에서 공동의 후보를 낼 수 있지 않을까?

그것은 조국 사태의 경우도 마찬가지이다. 조국 전 장관을 둘러싼 논란에 대해 조국 일가의 책임도 있지만 검찰과 보수세력의 책임이 더 크다고 생각하는 사람들과, 검찰과 보수세력의 책임이 있다 하더라도 조국 일가가 더 책임지고 자숙해야 한다는 사람들 간의 입장 차이는 쉽게 좁혀지기 힘들 수도 있다. 그럼에도 불구하고 그들이 구조적 개혁과 시대적 과제 해결에 공동으로 참여할 수 있다면 당연히 그럴 수 있는 길을 찾아야 하지 않을까? 서로를 존중하며 토론을 통해 견해 차이를 좁혀 나가고, 나아가 새로운 판단의 틀을 만들어 나갈 수도 있기 때문이다. 그것이 바로 서로의 차이를 인정하는 공존, 공동실천이 갖는 생산적 효과이다.

물론 나는 조국 전 장관을 '물에 흠뻑 젖은 장작'에 비유한다. 변화와 진보의 불을 피우기 위한 장작이지만 한국 정치현실에서 물이 깊게 스며든 장작이 되어 버렸다는 것이다. 그것은 조국 가족 스스로의 문제만이 아니라 윤석열 등 검찰주의자들의 무자비한 공격, 그리고 문재인 대통령을 비롯한 민주당의 방치로 인해 그가 감당할 수밖에 없었던 현실이다. 그결과 그는 일어서지 않고서는 살 수 없는 처지에 놓이게 되었다. 그는 이렇게 영원히 죽어야만 하는가? 아니면 연기를 풀풀 내면서 불구덩이 속으로 들어가 다시 불꽃을 피우는 삶을살아야 하는가? 결국은 그의 선택이겠지만, 나는 그가 살아돌아오길 간절히 원한다.

우리는 차이를 인정하면서도 연대·연합할 수 있는 능력이너무 부족하다. 그러나 그런 능력을 키워 나가지 않는다면 이복잡한 갈등과 충돌의 대한민국을 어떻게 민주적·진보적으로변화시키고 발전시킬 수 있을 것인가?

전선의 복원과 다양성, 그리고 새로운 대연합의 길

한국 사회를 지배하는 낡은 구조를 극복하기 위한 실천적연합은 다양한 차원에서 투쟁 전선, 쟁점의 구도를 만들어낸다. 디지털 전환, 탄소 제로, 한반도 평화를 둘러싼 전선 같은 것이 그렇다. 그렇다고 고정된 전선, 고정된 실체가 있는 것은 아니다. 각각의 진영 내부에 다양한 차이를 동반하고 있고, 전선과 전선 사이에 광범위한 중간지대가 존재하기 때문이다. 그것은 과거 반독재 민주화운동을 할 때와는 다른 의미의 전선이고 대중적 양상이다.

따라서 그것을 586 꼰대들처럼 80년대식 이분법으로 접근하면 대중적 공감을 얻기 힘들다. 유럽에서 68 꼰대들이 젊은층과의 단절 문제로 고민하지 않을 수 없었던 것처럼, 한국에서도 80년대 운동권의 꼰대 의식이 MZ세대의 반발을 불러왔다.

크고 작은 쟁점들을 분명히 하는 대중적 토론이 이루어져야 한다. 그러다 보면 경계를 넘나드는 사람들의 모습이 자연스럽게 나타날 수밖에 없다. 차이를 둘러싼 혐오와 낙인찍기는 진영의 응집력을 높일 수는 있어도 진영을 고립시키고 소수로 만든다. 큰 틀에서 협력하지만 작은 요소들에서는 차이가 있는 생산적 긴장과 모순, 그리고 문화적 차이에 따른 사고와 표현의 다양성은 전선을 활성화시킨다. 유럽 68혁명에서 나타난 다양성과 공존은 우리나라 촛불혁명에서도 그대로 나타났다. 다시 말해 해결할 수 없는 문제는 없다는 것이다. 중요한 것은 시대 상황에 맞게 전선을 복원하는 것이다.

전선은 다양한 모습과 형태로 구성되고 드러날 필요가 있다. 그것은 단일 전선이나 단일 조직을 통해 이끌 수 있는 것이 아니다. 저마다의 실천 근거를 갖고 있는 다양한 조직들의 네트워크가 중요한 이유이다. 그 속에는 정당들의 네트워크, 여러 차원의 시민사회단체 네트워크, 그 모든 것이 뒤엉킨 협의체가 될 수도 있다.

그러나 그것은 '지도'가 아닌 '조율'에 초점을 두어야 한다. 중요한 것은 실천 동력의 유지와 확산이며, 그것을 통한 실질적 변화이다. 변화를 만들어내지 못하는 전선은 전선의 의미를 상실한다. 세상을 바꾸지 못하는 행동은 거품처럼, 포말처럼 잠깐 등장했다 사라질 뿐이다. 그런 의미에서 네크워크와 조율이 중요하다.

과거 80년대 민주화운동 과정에서는 민주통일민중운동연합(민통련)이나 전국민족민주운동연합(전민련), 민주주의민족통일전국연합(전국연합) 같은 전선 조직, 연합 조직이 있었고, 그 운영과 실천을 둘러싸고 다양한 논쟁이 벌어졌다. 그런 연합 조직이 민주화운동 과정에서 매우 큰 역할을 한 것은 사실이다. 하지만 견해가 다른 사람과 조직의 의견을 수렴하고, 정치적으로 표현하는 데 실패함으로써 결국 일부 정파 조직으로 전락해 버린 역사적 경험을 반추할 필요가 있다.

사실 1987년 6월항쟁 이후 진보운동진영의 분열과 해체 과정은 적어도 정치적으로만 본다면 개개인이나 일부 집단의 정치적 성공은 거론할 수 있어도 진보정치세력의 생존과 확대를 통해 기성 정치세력을 대체한 과정이라고 할 수는 없다.

그것은 민주당 내에서 민주연합론이 사실상 소멸하는 과정, 그리고 민주노동당과 통합진보당의 분열과 해체 과정을 통해서도 알 수 있다.

그런 점에서 기존의 진보운동진영은 '나는 잘했고, 상대가 잘못했다'는 자기 위안적 넋두리가 아니라, 냉정한 자기비판과 반성을 통해 과거의 역사를 훈장이 아닌 딛고 일어서야 할 역사적 경험으로 자리매김해야 한다. 그것이 그들의 마지막 소명이 아닐까?

지금 우리는 80년대식 진보운동의 복원을 꿈꾸는 것이 아니다. 전선의 복원, 진보대연합이란 말이 타임머신을 타고 80년대로 돌아가자는 게 아니어야 한다는 것이다. 그런 전선이라면 없는 것이 낫다. 그런 네트워크라면 없는 편이 차라리 낫다. 지금 우리에게 필요한 것은 꼰대들의 집합소, 늙은 운동권의 동창회가 아니라 성과 세대를 뛰어넘는 난장, 페스티벌, 만민공동회이다. 지금 유럽 사회는 68혁명이 만들어낸 변화와 진보를 뛰어넘어 새로운 변화와 동력의 흐름이 곳곳에서 꿈틀거리고 있다. 60·70대의 노인들과 20·30대의 젊은이들이 세대와 문화 차이를 뛰어넘어 함께 뒤엉키는 일이 벌어지고 있다.

과연 그것이 어떻게 가능한가? 사실 우리에게도 그런 경험이 있지 않은가? 2004년 촛불, 2008년 촛불, 2016~2017년의 촛불은 어느 특정 세대만의 전유물이 아니었다. 세대와 성, 지역을 뛰어넘은 연대와 어울림의 현장이었다. 지금 우리는 그런 역사적 경험을 새로운 방식으로 복원해야 한다. 낡은 구조를 바꾸고, 당면한 시대적 과제를 해결하는 데 세대의 차이, 성의 차이, 지역의 차이가 뭐가 그렇게 중요한가? 만약 그것을 수용하지 못한다면 나이가 늙거나 젊거나 상관없이 시대착오적인 꼰대들이다. 아니 수구이고 반동인 것이다.

4. 여전히 정치가 중요하다

진보정치운동의 새로운 미래는 가능한가?

조심스러운 영역이다. 첨예하게 견해가 갈라지고, 행동이 달라지기 때문이다. 진보정당운동이라고 하지 않고 진보정치 운동이라고 말한 것은 하나의 조직이나 하나의 실천만을 염두에 둔 것이 아니기 때문이다. 여러 조직의 새로운 실천과 재구성이 연계될 때 엄청난 시너지가 생길 수 있다는 생각에서이다. 무엇보다 그 한가운데 더불어민주당과 정의당이 있음을 부인할 수 없다. 녹색당이나 노동당, 진보당 등의 역할과 가치도 존중할 필요가 있다.

녹색당의 경우, 전 세계 녹색당과의 연대 속에서 나름의 독자성과 연대·연합의 길을 모색해 왔던 역사가 있고, 앞으로도 그럴 것이라고 본다. 나는 개인적으로 녹색당이 대중적 기반을 강화하면서 당 조직을 탄탄하게 만들어 가면 좋겠다. 기후 엘리트주의와 종말론이 아닌 대중적 녹색 대안의 중심이 되길 바란다는 것이다. 그래서 민주당이든 진보연합정당이든 녹색당과 함께 연립정부를 수립하는 미래를 꿈꾸어 본다.

진보당의 경우, 다양한 고민이 있을 것이라고 본다. 그들은 과거 정의당에 있던 많은 사람들과 함께 민주노동당의 성과와 한계를 공유하고 있기 때문이다. 아마 지금 그들은 정의당이 무너진 빈자리를 차지할 수 있다는 희망으로 들떠 있을 수도 있을 것이다. 그러나 이미 유권자들은 진보당을 둘러싼 역사적 논란을 알고 있다. 억울한 부분도 있지만 진실도 그 속에 자리잡고 있기 때문에 그것을 직시하면 좋겠다. 그들은 어떤 세력들보다 헌신적이고 실천적이었으나 그들이 조직을 주도하고 난 뒤에는 여지없이 그 조직을 무너뜨리거나 고립시키지 않았던가? 그들이 진짜 세상을 주도하려면 북한 문제와 패권주의를 슬기롭게 극복하는 정치적 지혜를 발휘해야 할 것이다.

그러나 민주당과 정의당의 경우는 다르다. 두 정당 모두 다양한 세력이 연합해 있는 정당이다. 특히 민주당은 형식상으로는 200만 명이 넘는 당원을 보유하고 있고, 지난 대선에서 1,600만 표 가까이 획득했던 정당이다. 보수정치를 바꿀 수 있는, 현실적으로 유의미한 대안 세력이다. 다양한 진보정당이나 수많은 제3지대 정당들이 있지만, 이들은 결코 유의미한 대안 세력이 아니다. 민주당만이 유일한 현실 대안 세력이다. 그것은 부인할 수 없는 현실이 아닌가?

하지만 문제 없는 대안이 아니라 문제 많은 대안이기 때문에 다양한 진보정당이나 진보정치세력이 존재할 수 있는 것이다. 민주당 내에서든 밖에서든 민주당을 바꾸는 것이 보수정치를 바꾸는 것으로 이어지고, 한국 정치를 바꾸는 길로 나아갈 것이기 때문이다.

정의당도 사실상 붕괴된 현재의 상황을 근거로 폄하하기에는 무시할 수 없는 역사적 궤적과 존재감이 있는 당이다. 그것은 지금 정의당을 움직이고 있는 정치인들이나 당원들의 생각과 상관없다. 어쨌거나 정의당은 1987년 이후 진보정당운동의 역사성 위에 존재하고, 특별히 노동운동의 정치적 성과를 기반으로 한 진보정치의 성과와 지향이 강렬하게 남아 있는 정당이 아닌가? 고 노회찬 의원이 지키려고 했던 정당이 정의당인 것은 맞지만, 그것이 '정의당'이라는 껍데기인지 아니면 그 역사적 기반과 정신인지는 두말할 필요가 없을 것이다.

민주당을 더 진보적으로 만들어야

내가 보기에 민주당의 위기는 진보 정체성의 상실이다. 그들이 언제 진보적인 적이 있었느냐는 반문도 있겠지만, 한국 진보의 역사적 맥락 속에서 본다면 민주당을 구성하는 사람들도 나름 진보정치의 한 축을 담당해 왔음을 부인할 수 없다. 문제는 지금 민주당이 권력장악을 위한 정치공학과 지지층 최대 결집주의의 노예가 되면서 진보적 정체성을 잃어 가고 있다는 것이다.

그들은 김대중과 노무현 정신을 말하지만 그것이 무엇인지를 생동감 있게 드러내지 못하고 있다. 또 김근태 정신을 말하는 586들이 있지만, 그들이 말하는 김근태 정신이 이 시대에 어떤 의미를 갖고 있는지를 생동감 있게 풀어내지 못한다. 입으로는 김대중·노무현·김근태를 달고 다니지만 그들의 혼과 정신을 지금 이 순간의 냉혹한 한국 정치현실 속에서 치열하게 소화해 내고 있지 못하다.

민주당의 대선후보·당대표 경선 과정을 지배한 언어는 지극히 퇴행적이다. 현실적이지 않고 미래지향적이지도 않다. 그것은 민주당이 정권을 잡더라도 시대적 과제에 충실히 복무할 수 없다는 것을 의미한다. 바로 이 점에서 민주당의 진보적 정체성 강화가 중요하다고 본다. 민주당 내 진보 블록이 활성화되어야 하는 이유이다. 물론 그것도 하나의 블록이 아니라 여러 블록이면 좋겠다. 그리고 그들을 대표하는 정치인들이 공공연히 자신들의 진보적 가치를 TV와 유튜브를 통해 과감하게 드러내고 심판과 검증을 받으면 좋겠다. 이것은 민주당이 중도확장해야 한다는 입장과는 다른 주장이다.

그러나 나는 중도확장론도 민주당의 중요한 정치적 입장의 하나라고 생각한다. 그렇다면 당연히 중도확장론과 진보강화론 간에 다양한 논쟁이 벌어져야 하지 않을까?[47] 안타깝

---

[47] 만약 한국의 보수정치가 강화된다면 민주당 안에서는 중도확장론이 강해질 가능성이 크다. 그것은 당연할 뿐만 아니라 역사적·실천적 의미도 작지 않다. 왜냐면 일본과 같은 보수 일당의 장기집권 체제보다는 정권교체가 이루어지는 양당 체제가 상대적으로 더 진보적이기 때문이다. 내가 보기에 한국 정치가 일본 정치처럼 될 가능성은 작지만, 민주당이나 진보정치세력들의 현실을 볼 때 자칫 그럴 수도 있다고 본다.

게도 지금 민주당에서는 그런 논쟁이 공개적으로 벌어지고 있지 않다. 아니 그럴 수도 없다. 그럴 힘을 잃어버렸다는 점에서 민주당은 거대한 공룡이지만 사멸해 가고 있는 공룡이다. 아마 다양한 논쟁이 살아난다면 민주당도 살아날 것이다. 그런 의미에서도 민주당의 진보성 강화를 주장하는 것이다.

토론과 경쟁은 정당의 에너지원이다. 각각의 정책과 입장을 대변하는 정치인을 내세우고, 그들을 지지하는 지지자들이 치열한 고민 끝에 당의 후보를 세우고, 새로운 통합과 발전의 역사를 쓰는 것은 정당 조직만이 갖는 장점이자 매력이다. 미국 민주당에서 오바마와 힐러리, 샌더스가 서로 다른 입장과 노선을 갖고 경쟁한 것이 바로 그것이다. 각각의 입장과 노선이 다름에도 불구하고 민주당이라는 조직 안에서 경쟁과 협력을 한 이유는 공통점도 있지만, 트럼프와 매케인 등으로 상징되는 보수정치인들과 경쟁해야 했기 때문이다. 물론 그들이 보여준 독자성과 연합의 정치는 우리 역사에서도 많이 볼 수 있다. 그러나 지금 이 순간 우리는 그런 힘을 얼마나 갖고 있는가?

민주당은 거대 정당으로 집권 경험이 있고, 집권 가능한 정당이다. 그렇기 때문에 당과 조직, 인물들의 움직임은 기본적으로 선거 승리에 초점을 맞추는 것이 당연하다. 지방선거, 국회의원 선거, 대통령 선거는 민주당이 활력을 얻을 수 있는 계기이자 존재 이유이다. 민주당은 세 번 집권한 경험이 있고, 현재도 국회 다수당이다. 혁명적 정치 상황이 아니라면 민주당을 통해서든, 민주당을 해체하거나 대체하는 방식으로 새로운 정치세력이 등장할 수밖에 없다. 그런 점에서 민주당은 존재 이유가 있는 만큼 책임감을 느껴야 한다. 심지어 민주당이 해체되는 것조차 역사의 발전인 이유가 바로 그것이다. 정권교체가 가능한 민주 질서는 한국 정치가 갖는 역동성의 하나이고, 민주당에 많은 문제점이 있다고 하더라도 활용해야 할 이유이다. 우리에게는 변화가 필요하고, 시대적 난제를 해결해야 할 책무가 있기 때문이다.

정의당의 재창당이냐 새로운 진보연합정당이냐

그렇다면 진보정치세력은 오로지 민주당을 통해서만 존재해야 하는가? 그렇지 않다. 민주당은 작은 정당이 아니고, 하나의 세력만 존재하는 정당도 아니다. 어떻게 보면 민주당은 백화점이다. 보수에서 진보까지 다양한 물건을 팔고 있다고 할 수 있기 때문이다. 하지만 그만큼 민주당의 진보 상품은 한계가 있다. 진보 상품의 비중도 민주당의 집권 전략 속에서 배치될 수밖에 없기 때문이다. 물론 그것이 근본적으로 바뀌는 상황이 올 수도 있겠지만 지금 당장은 아니지 않는가?

그렇기 때문에 민주당을 견인하고 비판하면서 진보정치의 성장과 발전을 도모하는 세력이 필요하다. 이들의 목적은 한국 사회를 진보적으로 바꾸는 것이다. 그러기 위해서 민주당과 협력하기도 하고, 경쟁하기도 하며, 심지어 싸우기도 할 것이다. 만약 그런 세력이 대중적 기반을 강화해 나갈 수만 있다면 민주당을 대체할 수도 있고, 민주당의 분화와 해체를 촉진할 수도 있을 것이다. 중요한 것은 탁상공론이 아니라 그럴 수 있는 대중적 힘이다.

그런 의미에서 민주당 밖의 진보정치세력이 필요하다. 그것이 순수성과 독자성을 강조하는 형태가 될지, 아니면 대중적으로 민주당과 국민의힘을 압박하면서 제3의 정치세력을 지향하는 연합정당이 될지는 각자의 선택과 판단에 따라 달라질 것이다. 나는 양당제의 문제점이 심각하다고 보지만, 양당제 문화가 저절로 사라지지는 않는다고 본다. 1등만 당선되는 다수대표제와 소선거구제를 2등, 3등도 당선되는 중대선거구제나 비례대표제 중심으로 바꾸는 것도 중요하지만, 그것은 일부 정치학자들이나 시민운동가의 뜻에 따라 달라지는 것이 아니다. 대중들의 정치 효능감이 좌우할 것이고, 그것에 기대는 정치인들의 이해관계와 욕망이 제도의 틀을 다양하게 조합할 것이기 때문이다.

중요한 것은 제도를 바꾸기 위해 노력하되, 제도에만 의존하지 않는 독자적 힘을 갖는 것이다. 지금 진보정치세력에게 필요한 것은 바로 그것이다. 양당제를 비판하면서도 양당에 구걸하는 모양새! 지금 진보정치세력의 모습이 그렇지 않은가? 민주노동당이나 통합진보당 같은 탄탄한 조직을 만들어 놓고 거대 양당과 한판 붙을 수 있는 준비를 하는 과정에서 서로 떡고물 더 많이 먹겠다고 싸우다가 밥상을 엎어 버리는 수준의 진보정치는 이제 종언을 고해야 한다.

진보정치세력은 독자성과 정치연합을 능수능란하게 구사하지 않으면 안 된다. 고 노회찬 의원이 가장 잘했던 것이 바로 그런 정치이다. 그 힘은 흔들림 없는 진보정치에 대한 확신과 대중들에 대한 신뢰에서 나왔다. 연합정치나 정치공학의 능수능란함은 민주당에게 맡겨 버리고 유치하고 단세포적으로 진보정치의 독자성만을 강조한다면, 그런 진보정치세력은 민주당만 아니라 유권자들로부터 외면을 받을 수밖에 없다. 아마 적의 분열을 즐기는 보수정치세력과 언론은 최고의 예우를 갖춰 칭찬할 것이다.

민주당이 보수로 회귀하거나 퇴행적인 모습을 보일 때는 확고한 진보적 가치를 내세우며 따끔하게 비판하고, 보수정치에 맞서 진보정치의 길을 여는 모습을 보일 때는 아낌없이 협력하고 칭찬할 수 있어야 한다. 어떨 때는 민주당 2중대가 훈장일 수 있고, 또 어떨 때는 민주당을 밟고 나아가는 것이 당당한 시대적 소명일 때도 있다. 그것을 통해 민주당 지지자들을 견인할 수 있어야 하고, 국민 다수의 지지를 받아야만 진보정치세력이 이 사회의 다수파가 될 수 있다. 진보정치세력이 다수파가 되지 않는 정치교체가 가능하다고 보는가? 말만 정치교체를 외치지, 정치교체를 위한 어떤 능력도 발휘하지 못하는 정치는 이제 그만둘 때가 되었다.

사실 지금 진보정당운동－그것을 진보연합정당이라고 하든, 진보정당이라고 하든 간에－은 심각한 위기 상황에 처해 있다. 그 위기의 상당부분은 정의당 때문이다. 만약 정의당이 그에 대한 철저한 반성과 혁신을 바탕으로 재창당 논의를 주도한다면 미래는 달라질 수도 있을 것이다.

그러나 지금 정의당은 그렇지 않다. 정의당이 왜 실패했는지에 대한 지도부나 주요 정파들의 판단은 대중들이나 탈당파의 그것과는 사뭇 다르다고 할 수 있다. 그렇기 때문에 그들 입장에서 볼 때 정의당에 기대할 수 있는 것은 없다.

그러나 민주당이 하지 못하는 일, 그리고 정의당이 하지 못하는 일을 할 수 있는 진보연합정당은 여전히 필요하다. 물론 녹색당처럼 자기만의 독자적 색깔을 강화하는 방식으로 활동하면서 사안별로 연대하는 것도 가능하고, 존중할 필요가 있다. 또한 생태사회주의를 추구하는 정당이든, 민주노총이 주도하는 민주노총당이든, 아니면 기본소득당처럼 특정 정책목표를 내세워 독자적인 정당을 만들고 민주당이나 다른 정당을 활용할 수도 있다.

그렇지만 그런 방식으로는 한국 정치에서 생존하기 힘들다. 그래서 진보적 가치와 이념의 다양성을 존중하면서도 한국 정치에서 생존할 수 있고, 한국 정치를 바꿔 낼 수 있는 진보연합정당이 필요한 것이다. 정의당이 안타까운 것은 그런 기회를 국민이 주었음에도 불구하고 스스로 걷어차 버렸다는 것이다.

그런 점에서 새로운 진보연합정당이 필요하다. 축소지향의 길을 걸어온 정의당과 달리, 확대지향형 진보연합정당이 필요하다. 다시 말해 민주당 내 진보 블록부터 민주당 밖의 다양한 진보정당들과 연대하고, 곳곳에서 벌어지고 있는 투쟁 현장, 실천 현장과 연결된 넓은 품과 수많은 갈등을 조율하고 생산적으로 전환할 수 있는 진보연합정당이 필요하다는 것이다. 생존할 수 없는 진보정당은 소금 정당이라고 자위할 수는 있겠지만 현실정치의 액세서리에 불과하다. 우리는 생존해야 하고, 현실을 바꿔 낼 수 있어야 한다. 그러기 위해서는 작은 차이를 침소봉대하는 것이 아니라 대연합의 정치를 해야 한다. 작은 차이를 소화해 내기 위한 치열한 토론을 통해 더 높은 수준의 통합으로 나아가야 한다. 그래야 진보정치세력이 한국 사회의 다수파가 될 수 있다고 보기 때문이다.

그런 진보대연합정당이 출범한다면 아마 정의당과 경쟁하거나 대체할 수밖에 없을 것이다. 물론 지금 정의당을 구성하는 사람들이 그런 정당의 필요성과 문제의식에 동의하고 함께한다면 크게 문제될 게 없을 것이다. 그러나 그렇지 않다면 몇 프로 되지 않는 지지율과 비례대표 의석을 놓고 경쟁할 수밖에 없을 것이다. 솔직히 말해 2024년 총선을 앞두고 그런 일이 벌어지지 않기를 바란다. 그러나 현실은 그렇게 되지 않을 것이다.

물론 2024년 총선은 많은 변수가 있다. 그렇기 때문에 유연하고 개방적인 진보대연합정당의 필요성에 공감한다고 하더라도 실제로 그것을 만들어내기는 쉽지 않다. 중요한 것은 그런 문제의식을 모아 내는 것이다. 좁게는 2024년 총선, 2026년 지방선거, 2027년 대통령선거를 내다보면서 그런 미래를 준비하는 세력들의 결집과 연대가 필요하다고 보기 때문이다.

나는 2026년 지방선거와 2027년 대통령선거를 민주진보세력이 한국 정치를 주도할 결정적 전환점으로 삼아야 한다고 생각한다. 이를 위해서는 민주진보연립정부를 실현할 구상과 계획이 매우 중요하다. 그러나 더더욱 중요한 것은 그런 힘들을 모아 내는 정치적 과정이다. 2024년 총선은 그 첫 계기가 될 것이다. 만일 그럴 수 있는 준비가 되어 있지 않다면, 느슨한 형태의 선거연합정당을 통해서도 가능할 것이다. 물론 이를 운영하고 유지할 수 있는 진보정치세력들의 능력이 핵심 변수가 될 것이다. 다수파 독식 같은 패권주의는 그런 연합을 붕괴시킬 것이다. 대중적 설득력을 갖는 정치적 합의가 중요한 이유이다.

민주노총에서는 정의당과 진보당, 녹색당과 노동당 진보 4당의 통합이 가능하냐 불가능하냐를 두고 논란이 있었던 것으로 알고 있다. 정의당과 진보당의 통합을 주장하는 입장이나 독자성을 유지하면서 선거연합을 추진하자는 입장 모두 나름의 고민을 많이 한 것으로 보인다.

그렇지만 그런 방식으로는 현실정치의 벽을 돌파하는 것이 불가능하지 않을까? 수십 년간 진보정당운동의 모든 것을 경험해 본 입장에서 봤을 때, 이제는 그런 방식의 접근에서 벗어날 필요가 있다고 생각한다. 정의당과 진보당, 녹색당과 노동당 등 진보 4당이야말로 진짜 진보정당이라는 식의 사고를 버려야 한다. 오히려 이재명 후보를 지지했든 심상정 후보를 지지했든 간에, 한국노총 소속이든 민주노총 소속이든 간에, 조국을 옹호했든 조국을 비판했든 간에 시대적 과제와 한국 사회를 지배하고 있는 구조적 질곡에 맞서는 폭넓은 형태의 진보연합을 추구하는 것이 더 현실적이라고 본다.

관성적 진보의 틀에 갇혀서 진보의 다양성과 폭넓은 연대·연합의 길을 차단하고 방해하는 행위를 더 이상 진보라는 이름으로 정당화해서는 안 된다. 진보 4당만을 진보정당이라고 할 수 없거니와, 그런 방식의 실천으로는 지금 당장 눈앞에 닥친 현실적 과제도 해결하기 어렵기 때문이다. 내부 문제로 피터지게 싸우느라 대의도 잃고 명분도 잃으면서 피폐해져 가는 모습을 더 이상 보고 싶지 않다. 민주노동당 창당과 분열의 비극을 다시 보고 싶지 않다.

나는 젊은 친구들이 좀 더 많이 참여할 수 있고, 디지털 전환과 노동문제, 기후위기 대응, 전쟁을 막고 평화를 실현하는 길을 여는 사람들이라면 이른바 기존 운동권의 틀을 넘어 유연하고 개방적으로 결합하는 방식의 정당이 생기길 바란다. 그런 점에서 지금 유럽에서 진행되고 있는 다양한 진보정치운동에서 많은 것을 배울 수 있다고 본다. 스페인의 포데모스, 프랑스의 '불복하는 프랑스'와 '좌파연합'[48] 같은 이중적 결합, 그리스의 시리자, 이탈리아의 오성운동 등은 비슷하면서도 다르지만 독자성과 연합정치의 살아있는 사례들이다.

나는 한국의 진보정치도 세상을 흔드는 연합정치의 파괴력을 경험할 수 있어야 한다고 본다. 프랑스나 독일처럼 다당제 문화가 정착되어 있는 나라에서도 연합정치를 통해 2~3개의 정치세력이 치열하게 경쟁하면서 양당제 못지않은 정치적 역동성을 만들어내고 있다. 양당제의 전형적인 국가인 영국에서도 양당제 질서가 흔들리고 있다. 한국의 양당제도 철옹성이 아니다. 한국의 진보정치가 양당제 중심의 정치구조적 제약에 체념하면서 넛두리하기보다 판을 흔드는 연합정치를 통해 정치교체의 새로운 길을 개척할 필요가 있다는 것이다. 지나온 역사를 돌이켜보면 한국의 진보정치는 성장 기회를 놓치고서도 반성과 혁신의 길을 찾지 못했다. 이제 또다시 그런

---

48 정식 명칭은 '신인민생태사회연합(NUPES)'이고, '불복하는 프랑스'를 비롯한 사회당, 녹색당, 공산당이 연합한 '선거연합당'이다. 2022년 선거에서 '불복하는 프랑스'의 72석을 포함, 131석을 획득했다.

과오를 되풀이한다면 진보정치의 미래는 없다.

민주당 내의 진보정치와 민주당 밖의 진보정치가 역동적으로 뒤엉키는 한국 정치의 새로운 미래를 그려 보자. 아마 그것이 성공한다면 그 파트너인 한국의 혁신보수도 동반성장하지 않을까? 국민의힘 내의 혁신보수와 국민의힘 밖의 혁신보수가 협력하는 새로운 보수혁신 구도가 만들어질 수도 있다는 것이다.

결국 한국 사회의 미래는 한국 정치의 미래 속에서 좌우될 것이다. 미래의 위기와 공포를 걱정한다면 현재의 한국 정치를 바꾸어야 한다. 그리고 그것은 그런 꿈을 꾸는 사람들의 연대와 협력을 통해서만 가능하다. 진보는 그런 꿈을 먹고 산다.

위기의 진보정치와 진보의 재구성

다시
진보의 길을
묻다

초판 1쇄 찍은날 2023년 10월 27일
초판 1쇄 펴낸날 2023년 10월 30일

지은이 윤영상

펴낸이 최윤정
펴낸곳 도서출판 나무와숲 | **등록** 2001-000095
주 소 서울특별시 송파구 올림픽로 336 910호(방이동, 대우유토피아빌딩)
전 화 02-3474-1114 | **팩스** 02-3474-1113 | **e-mail** : namuwasup@namuwasup.com

ⓒ 윤영상 2023

ISBN   978-89-93632-95-8   03340